経理の

Accounting

Excel

ベーシックスキル

葛西一成 著
Kasai Kazunari

中央経済社

はじめに

経理では，当たり前のように「Excel」が使われています。このExcelは，数値データの集計やグラフ・データベースの作成ができる表計算ソフトですが，「数値を集計しデータ化する」，「データ化した数値を加工する」，「加工されたデータを分析する」といったことが自由に行えるため，**数値を扱う経理の仕事との相性は抜群**です。

実際に，経理では毎月の売上管理や経費支払いの集計といった数値データを扱う業務をExcelで行っています。また，月次決算や期末決算数値をExcelで加工して，決算書や報告資料を作成することも一般的に行われています。

そして経理で作成されるExcelの資料は，事業状況の分析や決算報告のために，経理のチームメンバーや他部門に共有されます。さらには税金計算や会計監査のために，顧問税理士や監査法人といった社外関係者にも閲覧されます。

このように，経理ではExcelを使ってデータを加工し，資料としてまとめ上げ，社内外の関係者と共有するといった流れで仕事が行われており，**Excelを使うことは経理業務の一部**となっています。

私は大学を卒業後，上場企業やその子会社の経理職として仕事をしてきました。また複数回の転職で，業界も規模も異なるさまざまな会社の経理を経験してきました。

この経験の中で，経理では会社規模の大小を問わず，またどんな業界であっても，「**必ずExcelを使っていること**」そして「**Excelの使い方が経理業務に大きな影響を与えていること**」を知りました。

このように経理の仕事で非常に重要なExcelですが，実際のところ個人のスキルによって使い方が異なることから，Excelで作成される資料は，様式や内容がバラバラです。

たとえば，複数のカラフルな色を使って資料を作成する人もいれば，全く色を使わず無機質な資料を作成する人もいます。また，定型の計算を行う際に，複雑で難しい関数を設定する人もいれば，ほとんど関数を使わない人もいます。

個人のスキルによってExcelの使い方が大きく異なることから，結果として，**個人に依存した独自の資料**が出来上がってしまいます。

それが，次のような問題を発生させています。

- Excel での資料作成は個人のセンスに依存するため，統一感のない，わかりにくい資料が出来上がる。
- Excel 操作のスキルが足りない人の作業時間が増加している。
- 難しい関数を使っているため，計算が正しいかを他の人が判断できない。
- 個人の思いつきで Excel のファイル名が付与されているため，ファイルの中身が判断できない。
- Excel 資料が多すぎて，目的のファイルがどこに保存されているかわからない。

これらの問題は，特に複数人のチームで仕事をする経理にとって業務の効率を悪化させ，さらには処理ミスを発生させる原因となりますが，実際の経理の現場では問題が放置されたままとなっています。そして，会社規模の大小を問わず，どのような業界であっても，経理ではこうした問題が発生しています。

私自身このExcelの問題が原因で，決算資料の数値を間違ってしまうといった大きなミスを犯した経験があります。そこで，このミスを改善するため，あるべきExcelの使い方や管理手法を学び，その経験を生かしてExcelを使った経理の業務効率化を実現してきました。

本書は，経理パーソン向けにExcelを効率よく使うための基本スキルを解説しています。スキルといってもExcelの機能や難しい関数，マクロの使い方といったテクニックを重視した解説本ではありません。

Excelを使った経理業務においてミスを無くし，**いかに効率よく作業ができるかについてのノウハウを提供する**ことを目的としています。

そしてこの本で解説するスキルは，ぜひほかの経理チームメンバーにも共有してください。チームメンバーが同じスキルを身につけることで，チーム全体の業務効率がアップし，作業ミスを減らすことができます(チーム内でExcelを使うときのルールブックにしてもよいでしょう)。

経理パーソンの皆さんは，本書で経理に必要なExcelベーシックスキルを理解し，これからの業務効率化に役立てていただけたら幸いです。

葛西一成

本書の読み方・使い方

まずは，**第 1 章**で経理の仕事に必要なExcelのスキルにはどのようなものがあるのかを確認しましょう。そこから，自分に必要なExcelのスキルは何か。また，経理チームでExcelを利用する場合に必要となるスキルは何かを把握してください。そして，以下を参考に今必要なExcelスキルが学べる章を選んで読むとよいでしょう。

- **毎回Excelで決算報告書類などを作成する方**は，**第 2 章**を読んでみてください。現在Excelで作成している報告書類に問題がないかを確認できます。また，周囲から評価される書類の作成方法がわかります。

- **Excelで資料作りをしている経理担当者**は，**第 3 章**を読んでみましょう。日々の業務におけるExcelの作業ミスを減らすことができます。

- **経理チーム全体の業務を効率化したいと考えているリーダークラスの方**は，**第 4 章・第 5 章**を読んでみてください。これらの章では，Excelをチームで効率よく使う方法を知ることができます。

- **Excel操作のスキルアップをしたいと考えている方**は，**第 6 章**から読んでみてください。この章では，ショートカットキーや関数など仕事に必要なExcelの便利機能や作業を速くするためのテクニックがわかります。

＊本書は，Windows版Microsoft office 2021 Excelを基に執筆しています。ご使用のバージョンによっては対応していない場合もありますのでご了承ください。

目　次

第3章　決算業務で超重要！ Excelのミスを防ぐスキル

第4章　経理関係者に感謝される！ Excelを使いやすくするスキル

第5章　経理チームでルール化すべき！ Excelを管理するスキル

第6章　日次業務〜年次決算で使える！ Excelの作業を早くするスキル

第1章

経理に必要な
5つの
Excelベーシックスキル

経理の仕事では，Excel の利用が必須と聞いたけど本当？

Excel が使えないと経理の仕事はできない？

1　なぜ経理でExcelのスキルが必要なのか

こんな質問があれば，現役の経理パーソンは「**経理はExcelがなければ仕事にならない**」と答えるでしょう。それくらい経理では当たり前にExcelが利用されています。場合によっては，一日中Excelで仕事をしていることもあるぐらいです。

実際に経理の現場では，毎月の売上計上や経費支払をExcelで管理したり，決算に必要な数値をExcelで集計したり，Excelで作成した決算資料を上司へ提出したりと，さまざまな場面でExcelを利用しています。

なぜこんなにも経理でExcelが利用されているのでしょうか。それには3つの理由があります。

① 表計算ソフトであるExcelは，経理業務と相性が良い。
② Excelは会計システムの機能を補完する役割がある。
③ Excelは利用者が圧倒的に多く，汎用性が高い。

(1) 表計算ソフトであるExcelは，経理業務と相性が良い

そもそもExcelは，数値データを加工して集計したり，グラフやデータベースの作成をしたりすることができる表計算ソフトです。

経理は数値データを集計し，集計した結果を表やグラフなどにして分析することが主な仕事ですので，表計算ソフトであるExcelとの相性は抜群です。

実際に経理では，売上の管理や経費支払いの金額を集計するといった月次業務を，Excelで行っている場合があります。また，決算数値をExcelで集計し，社内・社外の関係者へ提出する決算資料を作成するといったことも一般的に行われています。

このように，**Excelは経理で利用する数値データを扱いやすい**ことから，経理業務と非常に相性が良いといえます。

（２）Excelは会計システムを補完する役割がある

現在，基本的にはどの会社の経理でも「会計システム」を利用しています。この会計システムは，日々の取引を仕訳として入力し，決算データを管理するという役割をもつ経理業務の根幹となるシステムです。

さらに，会計システムと連携して販売や生産業務を管理する「基幹システム」や従業員の経費処理のために使われる「経費精算システム」なども，経理で利用されています。

「これらのシステムがあれば，わざわざExcelを利用する必要はないのでは？」「システム内で経理処理が完結するのでは？」そう疑問に思うこともあるでしょう。しかし，実際のところこれらのシステムだけで経理の仕事は完結できません。

一般的な会計システムは，どの会社でも経理処理ができるように設計されているため，

・自社オリジナルの集計資料を作成したい
・上司の要望に応じたデータの集計をしたい

といったことに対応できません。

そのため，経理は会計システムから複数のデータを出力し，Excel上でデータを組み合わせて，分析や資料作成を行っています。

たとえば，

・過去５年の各事業部別の損益状況を横軸で並べて分析したい
・部門ごとの月別交際費を予算や過去の実績と比較して分析したい
・役員向けに要点を絞った決算資料を作成したい

このような要望を叶えるために，Excelを利用することが多いです。

「Excelを使わなくても，会計システムで自由にデータを表示・出力で

きるようにカスタマイズしたらどうか？」といったことも考えられますが，それには多額の開発コストが必要となり，現実的には難しいでしょう。

結局のところ，**会計システムにできないデータの分析や資料の作成をExcelで行っている**というのが経理の実態なのです。これがまさに，会計システムにない機能をExcelで補完しているといえる理由です。

(3) Excelは利用者が圧倒的に多く，汎用性が高い

経理は，多くの社内・社外メンバーと関わりをもって仕事を進めていきます。

- 従業員全員の経費精算
- 人事部等が行った給与計算の経理処理
- 役員への月次，期末決算報告
- 監査法人による監査
- 税理士による税務申告書作成

たとえば上記のように，各関係者の協力を得て初めて，経理の仕事が完結します。そして，この際に必要となるのが「**Excelで作成された資料やデータ**」です。

実際のところ，会計システムはセキュリティ上，利用できる人が制限されており，各関係者は会計システムを利用することができない場合が多いです。そのため，経理に必要な数値データを共有するには，社内・社外の関係者も利用できるツールを使わなければなりません。その点，Excelは社内・社外で広く普及しており，汎用性が高いことから経理でも利用しやすいです。

このように**Excelは経理の仕事と相性がよく，会計システムを補完する役割があり，汎用性も高いことから，業界問わずどの会社の経理でも広く利用されています**。だからこそ，経理ではExcelを扱うためのスキルが必要とされているのです。

2　経理におけるExcel利用実態

Excelは経理の仕事と相性がよく，システムを補完する役割を持ち，汎用性が高いという理由から経理業務で利用されていますが，具体的にどのような業務で利用されているのでしょうか。

会社規模やシステムの状況によってExcelが利用される範囲は異なりますが，どの会社にも共通するのは，日々の経理処理から決算まで一連の経理業務で発生する**数値データの集計や報告書類作成等でExcelが利用されている**ということです。

ここでは，どのような経理業務でExcelが利用されているかという実態を把握していきます。

(1) 日次業務・月次決算でのExcel利用実態

経理の日次業務では，小口現金の出納帳，切手や印紙の受払簿，ネットバンキングを利用した経費の振込表など，日々行われる経理処理の管理にExcelが利用されています。

月次決算では，毎月の経営状況を役員へ報告するための書類や「予算実績管理表」の作成，さらには「資金繰り表」などの作成に利用されています。

日々の取引は会計システムに仕訳として入力しますが，会計システムはあくまで取引の仕訳を入力し決算数値を集計するもので，すべての経理処理を管理できる機能はありません。そのため，会計システムに管理機能がないような業務は，Excelを利用して管理をします。

月次決算についても，役員への報告書類や損益の分析資料は，会計システムからそのまま出力できない場合も多いため，会計システムのデータを出力しExcelで加工して作られています。

このように日々のちょっとした業務から，毎月の社内報告資料の作成まで，さまざまな場面でExcelが利用されています。

日次業務・月次決算でExcelが利用されている例

- **小口現金管理**
  Excelで作成された出納帳に，入出金の内容を入力する。
- **切手類の受払簿**
  Excelで作成された受払簿に，切手・印紙の使用と購入を記録する。
- **経費等の振込表**
  ネットバンキングを使った経費支払い一覧データを作成する。
- **月次予算実績管理表**
  会計システムから出力した損益実績データと予算データの比較ができる自社専用のフォームを作成する（月次予算実績管理表は会社全体のほか，部門別・営業所別など多岐にわたって作成されている）。
- **借入金管理表**
  金融機関からの借り入れ状況を把握するための管理表を作成する。
- **資金繰り表**
  将来の入出金を見込んで資金不足にならないかなどを管理するための資金繰り表を作成する。

（2）四半期・年次決算でのExcel利用実態

経理では，会社の1年間の業績を集計・分析するために決算書を作成する業務（年次決算業務）を行います。また，上場企業では年次決算のほかに，3ヵ月ごとに会社の業績を投資家やその他利害関係者へ報告するために四半期決算業務も行っています。

これらの決算業務では，**決算書の作成に必要な数値を集計するために**Excelが利用されています。

たとえば，単体決算に必要な賞与引当金などの計算，法人税や消費税の計算，棚卸資産の評価，連結決算に必要な子会社の決算データ収集，決算開示に必要な注記情報の取りまとめといったさまざまな決算作業で活用されています。

特に四半期・年次決算で行う個々の業務は，専用のシステムがないことが多く，ほとんどの業務はExcelでの作業がメインとなっています。

四半期・年次決算でExcelが利用されている例

- **各種引当金算出資料**

　貸倒引当金，賞与引当金，退職給付引当金など各種引当金の計上額を算出する。

- **棚卸資産評価資料**

　期末日の在庫を評価し，簿価切下額を算出した結果をまとめる。

- **有価証券一覧表**

　自社で保有する有価証券を銘柄別に管理し，決算時点の時価を把握するため一覧表を作成する。

- **税金計算データの管理**

　法人税や住民税，消費税の計算に必要なデータを管理する。

- **連結パッケージ**

　連結決算に必要な子会社の決算データを収集する。

- **取締役会資料**

　取締役会に提出する自社独自の決算分析資料を作成する。

(3) さまざまな経理業務でExcelが利用されている

上述したExcel利用実態はほんの一例であり，実際の経理の現場ではさらに多くの業務をExcelに頼っています。中小規模の会社の場合は，システム導入にコストをかけられない，またはシステムを導入するほど取引量が多くないといった背景から，経理に関わるさまざまな業務をExcelで対応しています。規模が大きい会社の場合，取引量も多くシステムの利用が不可欠であるものの，システムだけでは対応できない業務をExcelで補っています。

たとえば，A事業のシステムから出力された在庫データとB事業のシステムから出力された在庫データを合わせて棚卸資産評価資料を作成するなど，経理が求めている数値データは複数のシステムから出力されたデータを組み合わせて，初めて１つの数値データとして完成します。データの組み合わせのためにExcelが利用されることも日常的に行われています。

ここまで経理のExcel利用実態を見てきましたが，改めてExcelで行っている経理業務を洗い出してみると，日次から月次決算，四半期・年次決算まで幅広くExcelが利用されていることがわかります。それだけ経理業務にExcelが浸透しているといえるでしょう。

3　経理に必要なExcelベーシックスキルは5つ

経理では日次業務から月次決算，四半期・年次決算まで幅広くExcelを利用していますが，利用回数が多くなるにつれ，次のような問題が頻繁に起こるようになります。

・操作ミスにより数値の集計を間違える。 ・効率の悪い操作により作業時間が増加する。

また，Excelは経理チームのみならず，他の部署や監査法人，税理士といった社内・社外の関係者にも共有・利用されていますが，

・カラフルな色を多く使いすぎて見づらい
・計算シートの数が多すぎてわかりにくい
・関数が複雑すぎて，計算が正しいかどうかわからない
・Excelファイルが多すぎて，どこに保存されているかわからない

といったことから，関係者がExcelファイルの内容を理解するのに苦労しているといった問題も発生しています。

つまり，社内・社外の関係者は，**見づらい，わかりづらいExcel資料を理解するために**，また**目的のExcelファイルを探すために**無駄に時間をかけているのです。このような問題が原因で，結果として，残業時間が増えて業務効率が悪化してしまいます。

また，数値集計のミスにより，最悪の場合には間違った決算書を社外に公表してしまうといった取り返しのつかない問題を引き起こしてしまうこともあります。

このような問題を放置していたら，いつまで経ってもExcelでのミスは減りません。業務効率も改善せず，無駄な作業が増えていくばかりです。

では，こうした問題を解決するには，どうしたらよいでしょうか？　非

常に悩ましい問題ですが解決方法はあります。それは次の5つのスキルを身につけて，Excelを利用することです。

経理に必要な5つのExcelベーシックスキル

1．Excelを**見やすくする**スキル
2．Excelの**ミスを防ぐ**スキル
3．Excelを**使いやすくする**スキル
4．Excelを**管理する**スキル
5．Excelの**作業を早くする**スキル

この5つは，操作上のスキルでもあり，Excelを利用するときに守るべきルールでもあります。本書では，Excelの問題を解決するために，5つのExcelスキルが経理実務のどのような場面で使えるか，どのように役に立つのかを第2章以降で具体的に解説します。

4　Excelベーシックスキルが経理の業務効率を上げる

ここまでで，現在の経理業務にはExcelの利用が必須であることを改めておわかりいただけたと思います。そして，利用必須だからこそ，Excelの活用方法が非常に重要になってきます。

一方で，Excelをうまく活用できなければ，

・ミスが多発し，周囲の信用を失う

・作業時間が増加し，業務効率が悪化する

といった問題が起こります。

(1) 計算式ミス事例

もしExcelで間違った計算式を入力したら，当然，集計した数値データにミスが発生してしまいます。

次の例では，SUM関数を使って売上金額の合計を計算していますが，サインペンの売上が合計範囲に含まれていないため，売上金額の合計が正しく計算されていません。このような計算ミスの多い資料を作成すれば，経理チームやその他関係者からも信用されなくなってしまいます。

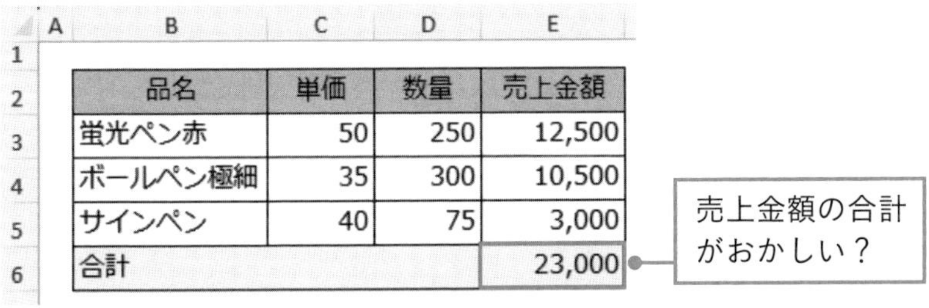

品名	単価	数量	売上金額
蛍光ペン赤	50	250	12,500
ボールペン極細	35	300	10,500
サインペン	40	75	3,000
合計			23,000

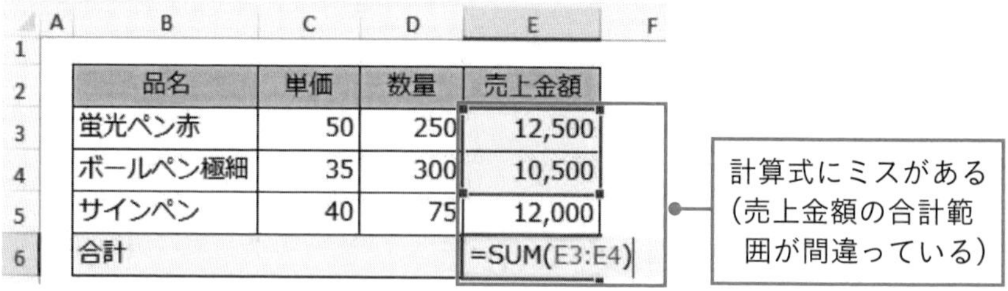

A B C D E F
品名 単価 数量 売上金額
蛍光ペン赤 50 250 12,500
ボールペン極細 35 300 10,500
サインペン 40 75 12,000
合計 =SUM(E3:E4)
計算式にミスがある（売上金額の合計範囲が間違っている）

（2）わかりにくいファイル名の事例

Excelに限りませんが，作成したデータに，よくわからないファイル名を付けて保存したらどうなるでしょうか。見たいと思ったときに目的のファイルが探せなくなってしまいます。

経理チームで共有しているときはさらに問題で，目的のファイルを探すためだけに無駄に時間をかけてしまうこともあります。

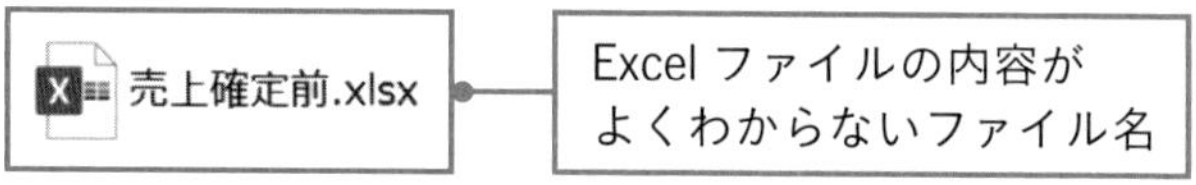

上記のようなファイル名は，次のような問題を引き起こします。

- 売上の資料のようだが，どのような売上の資料なのかわからない。
- いつの売上なのかわからない。
- どの部署が担当している売上なのかわからない。
- 確定前とあるが，どのタイミングで作成された資料かわからない。

こうした状態では，実際にファイルを開いてみるまでは内容がわかりません。結果としていちいちファイルを開いて内容を確認するという手間が発生し，面倒な作業が増えてしまいます。

他にも，Excelにある自動計算機能を活用せず，すべて数値データを手入力していたらどうなるでしょうか。手入力による作業時間が膨大になってしまいます。

また，経理チームのメンバーが好き勝手にExcelファイルを共有のファイルサーバーに保存していたらどうなるでしょうか。目的のファイルがどこにあるか探せないどころか，経理業務で必要なファイルを勝手に削除したり，上書き保存したりして，適正なファイル共有ができなくなり，最終的にはチームで経理業務を行うことが困難になってしまいます。

このような問題を避け，経理業務を効率化していくには，Excelをうまく活用していかなければなりません。そのために，**経理に必要な5つのExcelベーシックスキル**が必要なのです。

Column

初めての経理の仕事は
Excelを起動することから

経理に配属された私の初仕事は「**Excelの起動から**」でした。新入社員の私は，「経理の仕事は仕訳伝票を起票する」くらいにしか考えていませんでした。仕事を教えてくれた上司から，まず「Excelを立ち上げて」と言われ，慌てたことは今でも覚えています（Excelという単語は知っていたものの使ったことはなく，不安な気持ちでいっぱいに…)。

その後は，「前受金管理資料」というExcelファイルを開くように言われ，データ入力を教わりました。新卒で入社した会社ではソフトウェア開発の受託事業を行っており，開発完了前に先に受け取ったお金を前受金として管理していましたが，そもそも前受金が何を示しているのかもわからず，さらにExcelの操作もわからず大苦戦…。

そんな中，「まずはデータ入力の作業をやらないと仕事は終わらない」と考えた私は，前受金の理解は後回しにして，データ入力の作業で必須となるExcel操作から覚えることにしました。

このように，初めて経理の仕事をするときは，Excelにデータを入力するという作業から始まる場合も多くあります。もちろんデータ入力をする意味や作業内容の理解も必要なのですが，そもそもExcelの操作ができなければ作業を進めることができません。

料理人は包丁という道具を使えないと料理ができない。大工はノコギリなどの工具を使えなければ家を建てられない。それと同じように，経理はExcelというツールを使えなければデータ集計や資料作成ができないということに気づきました。

まず目の前の業務を片付けるためにも，経理のツールであるExcelの操作を覚えなければ！と，配属初日からExcel操作を学び始めたのでした。

第 2 章

決算報告書の作成に必須！
Excelを
見やすくするスキル

経理では決算報告書を Excel で作成しているの？

どうやったら Excel で見やすい決算報告書を作成できる？

1　Excelで作成する決算報告書は見やすさを重視しなければならない

決算報告書とは，企業の財政状態や経営成績を社内外の関係者へ報告するための書類です。月末や期末時点の財政状態や経営成績を説明するために，決算報告書を作成します。

一般的には決算書とも呼ばれ，貸借対照表や損益計算書といった書類が決算報告書に該当しますが，企業によって呼び名や報告内容が異なることもあります。たとえば事業部門や役員に向けた社内用の決算報告書を作成することもあれば，監査人，株主，金融機関，取引先といった社外関係者へ決算状況を知らせるために報告書を作成する場合もあります。

決算報告書は，会計システムで自動で作成することができると思われがちですが，実際のところ社内外の関係者が求める情報はさまざまであり，相手の要望に合わせて報告様式や内容を変えた複数の決算報告書が作成されます。**会計システムだけではその要望すべてに応えることが難しい**ため，多くの企業ではExcelを活用しています（Excelは自由にデータ集計やグラフの作成ができるという点で，さまざまな目的に合わせた報告書を作成するのに適しています）。

ここで，1つ理解しておかなければならないことがあります。それは**決算報告書がそれぞれ目的を持った社内外の関係者に閲覧されている**ということです。たとえば，以下のとおりです。

- 自分が所属する部署の毎月の損益状況を知りたい。
- 自社の経営状況を把握し，迅速に経営戦略を立てたい。
- 株主として投資先である会社の年間売上や利益が前年と比較したい。
- 金融機関の担当者として，貸出先である会社の財務状況が健全かどうかを知りたい。

経理が作成する決算報告書はさまざまな目的で多くの関係者に提供，閲覧されています。閲覧する人は経理だけでなく，社内の役員や営業担当者，社外の税理士や監査人，金融機関の担当者，株主など千差万別です。

このように多くの人に閲覧される決算報告書ですが，作成時に気をつけなければならないことがあります。それは**報告書の見やすさ**です。決算報告書では，内容に間違いがないかどうかはもちろん重要ですが，多くの人に閲覧されているからこそ，それと同じくらい見やすさも重要なのです。

逆に，報告書が見づらいと次のような問題が起きてしまいます。

- 欲しい情報がどこにあるのかわからない。
- 報告書の内容を理解するのに時間がかかる。
- 報告書の数値や参照箇所を見間違える。

見づらい決算報告書は，このようにさまざまな問題を引き起こし，閲覧者は，この見づらい報告書に対し「不親切」「不満」「不安」といったような思いを抱きます。それどころか，見づらい報告書を作成した経理部門や作成担当者は信頼できないとして評価も下げられてしまいます。

見づらい決算報告書に良いことは１つもありません。**相手が知りたい決算情報をわかりやすく伝える**ためにも，Excelで作成する決算報告書は見やすさを重視しなければなりません。

▶見づらい決算報告書の例

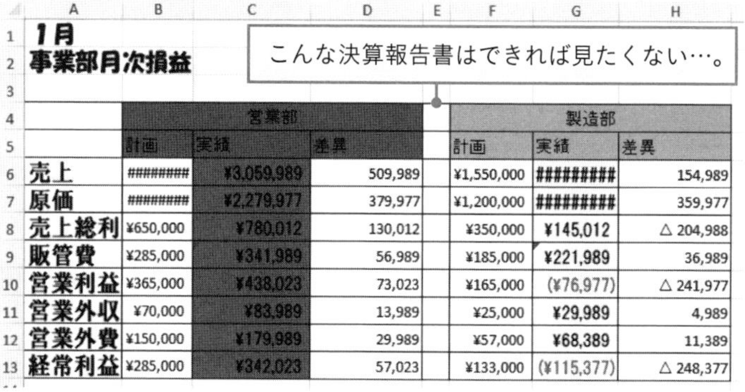

	A	B	C	D	E	F	G	H
1	1月							
2	事業部月次損益							
3								
4		営業部				製造部		
5		計画	実績	差異		計画	実績	差異
6	売上	########	¥3,059,989	509,989		¥1,550,000	#########	154,989
7	原価	########	¥2,279,977	379,977		¥1,200,000	#########	359,977
8	売上総利	¥650,000	¥780,012	130,012		¥350,000	¥145,012	△ 204,988
9	販管費	¥285,000	¥341,989	56,989		¥185,000	¥221,989	36,989
10	営業利益	¥365,000	¥438,023	73,023		¥165,000	(¥76,977)	△ 241,977
11	営業外収	¥70,000	¥83,989	13,989		¥25,000	¥29,989	4,989
12	営業外費	¥150,000	¥179,989	29,989		¥57,000	¥68,389	11,389
13	経常利益	¥285,000	¥342,023	57,023		¥133,000	(¥115,377)	△ 248,377

こんな決算報告書はできれば見たくない…。

2 見やすくするスキルが必要な決算報告書とは？

Excelで作成される決算報告書の内容は企業によってさまざまですが，一般的には月次決算の報告書，3ヵ月ごとに行われる四半期決算や年間の決算報告書が作成されます。また，子会社では，親会社向けに決算を報告する書類もあります。

(1) 月次決算報告書

企業では通常，毎月「月次決算」を行います。月次決算は企業の毎月の経営成績や財政状態を把握するために行いますが，特に法律で義務付けられているものではなく，企業が独自に行うものです。そのため，企業によって月次決算報告の内容は異なり，作成される決算報告書の様式もさまざまです。たとえば次のようなものが該当します。

- 毎月の損益計算書や月末時点の貸借対照表といった決算書
- 当期計画，前年実績，当期実績を対比した業績報告書類
- 部門別，事業別，店舗別，地域別，商品別などの損益報告書類　等

月次決算報告書で特徴的なのが，**それぞれの企業がExcelを利用して独自様式の報告書を作成している**という点です。

企業全体または部門別に集計される月次の損益計算書や貸借対照表などは，一般的に会計システムを利用して書類を作成することができます。一方，事業別，地域別や商品別など企業によって管理する目的が異なる月次決算データは，会計システムだけでは集計が難しいことが多いです（企業によっては，独自の月次データ集計ができるシステムを導入している場合もありますが，そのシステムを導入するには多額の開発費用が発生します）。

このように，月次決算報告書は企業独自の様式で作成されることから，自由に報告様式を決めることのできるExcelが利用されています。

▶Excelで作成される月次決算報告書の例

20XX年５月実績

店舗別　月次決算報告

単位：千円

	関東	関東	関東	東北	東北
	千葉駅前店	渋谷北店	横浜中央店	仙台駅前店	郡山センター
売上	98,700	118,429	78,010	70,500	55,420
原料費	39,870	40,554	37,400	28,765	20,504
人件費	23,500	33,402	28,700	19,785	17,405
経費	15,705	25,400	17,890	9,970	9,850
粗利	19,625	19,073	▲ 5,980	11,980	7,661
共通費配賦	15,000	19,000	17,000	11,000	12,100
配賦後利益	4,625	73	▲ 22,980	980	▲ 4,439

（２）四半期・年次決算報告書

上場企業では四半期ごとに決算短信を作成し，株主などの利害関係者へ決算開示を行います。また，上場・非上場問わず，すべての企業は年間を通じて決算を行い，その結果を年次決算報告書としてまとめ，社内外の関係者へ提供します。

これらの決算報告書は様式が定型化されており，会計システムなどから書類を出力できることからExcelで作成する必要は特にありません。

一方，特定の目的で作成される決算報告書（取締役会へ提出する決算報告書や，金融機関など特定の関係者に向けた決算報告書など）は，**それぞれ企業独自の様式で関係者へ提供されることから，自由な様式で報告書が作成できるExcelが利用**されています。

・上場企業が作成する決算短信，有価証券報告書などの決算開示書類
　→報告書の様式が定型化されているため，ほとんどの上場企業では，専用の決算開示システムを利用して書類を作成している。

・上場，非上場問わず，作成が義務付けられている会社法計算書類等

→報告書の様式が定型化されているため会計システムなどから出力が可能（ただし，書類の一部はExcelで作成されることもある）。

・企業独自の様式で作成される決算報告書

→取締役会や金融機関など特定の関係者へ決算状況を説明するための企業独自の報告書。Excelで作成される場合が多い。

▶ Excelで作成される社内向け四半期・年次決算報告書の例

2024年３月期

【社内向け】年次連結決算報告　概況

１．連結損益概要

単位：百万円

	2023.3	2024.3	増減	通期予想
売上高	370,938	390,498	19,560	380,000
営業利益	8,048	9,043	995	8,500
経常利益	9,247	10,020	773	9,500
税後利益	6,470	6,903	433	6,700

２．決算整理における損益影響額

・P社　投資有価証券売却（銘柄XXX）による特別利益計上　+324百万円

・P社　栃木工場の固定資産減損による特別損失計上　▲295百万円

・S1社　繰延税金資産回収可能性見直しによる法人税等調整額計上　▲108百万円（税金費用減）

（3）子会社が親会社へ提出する決算報告書

子会社とは，親会社に支配されている会社のことをいいます。

具体的には，以下のような会社が子会社に該当します。

・親会社が議決権の過半数を有している

・親会社が財務，事業の方針の決定を支配している

子会社が親会社の連結子会社となる場合は，連結子会社の業績や財政状態は親会社の連結決算に影響を与えることから，月次，四半期，年次にお

いて都度，親会社へ決算報告を行います。この決算報告を行うため，連結子会社は決算報告書を作成し親会社へ提出しますが，その際に用いられる報告書の多くは独自の様式で作成されます。

- **毎月の損益状況を報告する報告書**（事業別，顧客別，商品別などの損益状況を予算計画や前年実績と比較する決算報告書）
- **親会社が連結決算を行うために，子会社から決算情報を収集する報告書**（「連結パッケージ」とも呼ばれています）

近年，親会社と子会社を含めたグループ全体の連結経営が重視されており，毎月の子会社の業績の把握が必須となっています。

また，親会社は四半期毎（場合によっては毎月）に連結決算を行いますが，連結決算に必要な決算情報を収集するための決算報告書（連結パッケージ）の作成を子会社に依頼します。

これらの決算報告書は，企業によって必要な子会社の決算情報が異なることから，それぞれ独自の様式で作成されます。いずれも親会社が子会社に作成・提出を依頼するものであるため，親会社の経理部門がExcelを利用して子会社決算報告書の様式を作成し，子会社へ配布するのが一般的となっています。

ウェブ上で報告できる独自の決算報告システムを利用している企業もありますが，開発コストもかかることから多くの企業ではExcelを利用しているのが実情です。

▶ Excelで作成される子会社決算報告書の例（連結パッケージ）

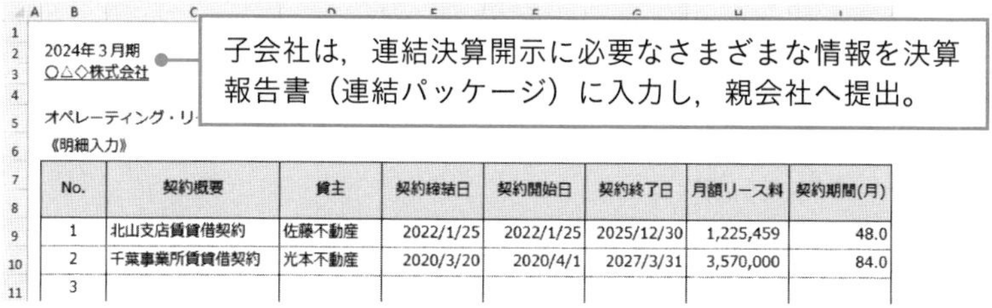
2024年３月期
〇△◇株式会社

オペレーティング・リ

《明細入力》

No.	契約概要	貸主	契約締結日	契約開始日	契約終了日	月額リース料	契約期間(月)
1	北山支店賃貸借契約	佐藤不動産	2022/1/25	2022/1/25	2025/12/30	1,225,459	48.0
2	千葉事業所賃貸借契約	光本不動産	2020/3/20	2020/4/1	2027/3/31	3,570,000	84.0
3							

子会社は，連結決算開示に必要なさまざまな情報を決算報告書（連結パッケージ）に入力し，親会社へ提出。

3 見やすさ向上 セルの色使いを統一する

ここからは，Excelで見やすい決算報告書を作成するために必要なスキルを解説します。このスキルは難しい操作やExcel関数を覚える必要がないため，すぐに経理の実務で使うことができます。

まず，見やすい決算報告書を作成するExcelスキルとして，最初に覚えておくべきことは「**セルの色使い**」です。決算報告書の作成では，業績の数値情報を集計して表にまとめるといった作業をExcelで行います。

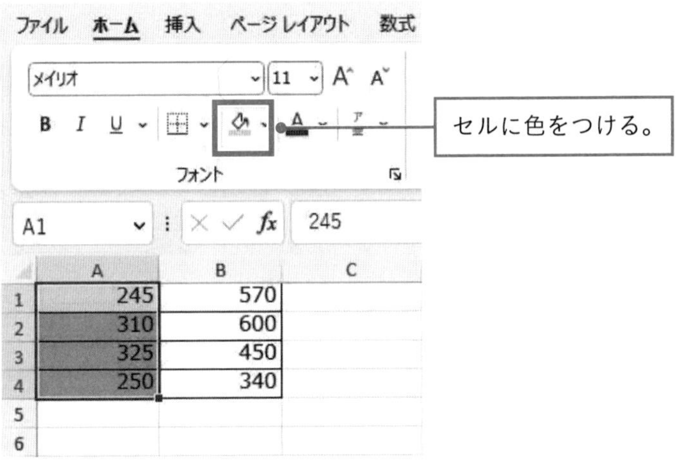

このとき，Excelではセルに色をつけて，そのセルを強調することがあります。このセルの色づけは，**一定のルールに従って行わないとExcelが見づらくなってしまう**ため注意が必要です。

そこで，次の2点に注目して色を使います。

▶ Excelを見やすくする色の使い方

・使う色を制限する。
・使う色に意味を持たせる。

使う色が多すぎるとセルの色が何を示しているのかわからず，報告書の内容を理解するのに苦労します。また，派手な色を使っているとセルの文字が潰れて読めなくなり，結果として見づらい資料が出来上がってしまいます。

こうした問題を回避するには，Excelで使う色を制限し，さらに使う色ごとに意味を持たせる必要があります。

たとえば，次のように使う色を３色に限定し，その３色すべてに意味を持たせます。

・セルに手入力する箇所（薄い水色）
・表の見出し箇所（薄い緑色）
・データの合計箇所（薄い黄色）

このように，使う色を限定するとExcelで作成した資料がシンプルで見やすくなります。また，その色に意味を持たせることで，毎回色の使い方に悩む必要もなくなります。

さらに，この色の使い方を経理チームで共有すれば，チームメンバー全員が同じ色を使うことにより，Excelで作成する決算報告書の様式を統一することができます。

4 見やすさ向上 使用するフォントを統一する

Excelで決算報告書を作成する場合，**フォントの使い方次第で決算報告書の見栄えも大きく変わります**。

しかし，経理の現場では種類の異なる複数のフォントや特殊なフォントなど，全く統一感のないフォントを多用していることがあります。

▶統一感のない複数のフォントを使用している例

	前期末	当月残
現金	740.938	890.498
普通預金	1.103.480	987.043
定期預金	100.000	150.000
別段預金	45.700	45.700
現金及び預金計	1,990,118	2,073,241

この見づらい状況を解消するには，**文字と数値がはっきり表示されるフォントを１つだけ選んで利用**しましょう。その際，筆者がおすすめするフォントは「メイリオ」です。このメイリオフォントは，パッと見て文字や数値をハッキリと表示でき，Excelで作成する決算報告書にもよく合うフォントです。

▶メイリオフォントで統一した例

	前期末	当月残
現金	740,938	890,498
普通預金	1,103,480	987,043
定期預金	100,000	150,000
別段預金	45,700	45,700
現金及び預金計	1,990,118	2,073,241

フォントの利用で重要なのが「経理チーム全員が同じフォントを使う」ということです。そうすることで，Excelで作成される社内のすべての決算報告書で見た目を統一できます。さらに，どのフォントを使えばよいかを考える無駄な時間を減らすこともできます。事前にチーム内で使用フォントを決めておきましょう。

参考　既定フォントをメイリオにする方法

事前に規定フォントを「メイリオ」に設定しておけば，Excelを立ち上げたときから使うことができ，わざわざフォントの変更をする必要がなくなります。

① ファイルタブから「オプション」を選択
② 「オプション」ダイアログボックスを表示
③ 左のメニューから「全般」を選択
④ 新しいブックの作成時の「次を既定フォントとして使用」でメイリオを選択

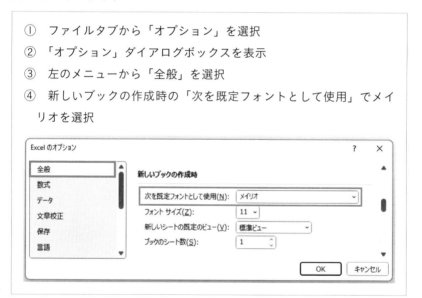

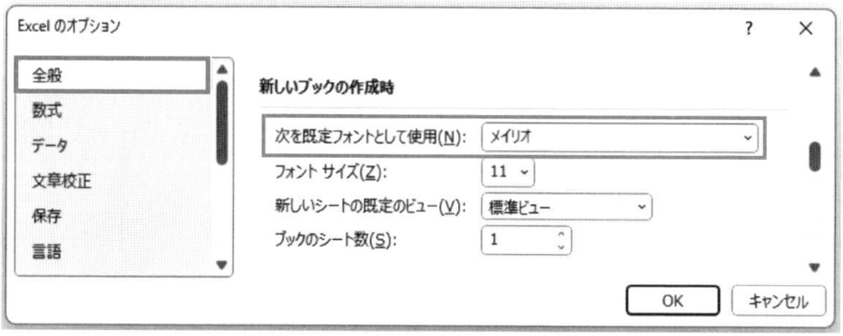

5　見やすさ向上　数値の表示方法を統一する

決算報告書の主な目的は，決算数値を社内外の関係者へ報告することであり，**書類の中でも「数値」がもっとも重要な情報**となります。その重要な情報である数値が見づらいと，数値の内容を把握するのに時間がかかり，場合によっては数値の見間違いによる作業ミスを引き起こしてしまう場合もあります。

たとえば，数値がこのように表示されていたらどうでしょう。

	前期末	当月残
資本金	740938	890498
資本剰余金	421254	511313
利益剰余金	-1103480	-987043
自己株式	(30,200)	(55,200)
株主資本合計	¥ 28,512	¥ 359,568

数値によってカンマがあるものと無いものが混在していたり，「¥」マークやマイナスの値にも表示に統一感がありません。特に，数値に桁の区切りがないと，金額がいくらなのかパッと見てわからないため，表示方法としては問題です。

一方，以下の数値の表示はどうでしょうか。

	前期末	当月残
資本金	740,938	890,498
資本剰余金	421,254	511,313
利益剰余金	▲ 1,103,480	▲ 987,043
自己株式	▲ 30,200	▲ 55,200
株主資本合計	28,512	359,568

数値はすべてカンマで桁が区切られ，数値がマイナスの場合は頭に

「▲」が付与される表示で統一されています。

数値はカンマで桁を区切って表示することで，桁数が多くても金額が一目でわかります。また，マイナス数値の表示については，頭に「▲」が付く表示とするのがよいでしょう。これは，一目でマイナスということがわかると同時に，資料を印刷したときも▲がはっきり印刷されるためです。

表示方法だけで数値の見やすさが大きく改善するので，Excelで決算報告書を作成する際には，**事前に数値の表示方法を決めておきましょう**。

■ 数値の表示ルール ■

・表示形式の分類は「数値」とする。
・必ずカンマ「,」で桁を区切る。
・マイナスの場合は頭「▲」の表示とする。

この表示ルールは「セルの書式設定」で設定できます。

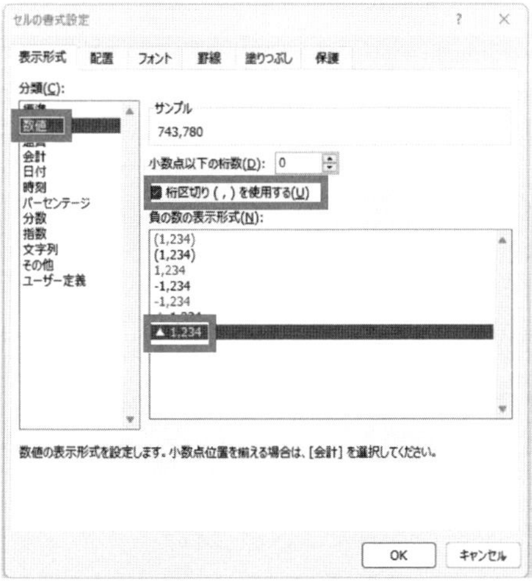

この**数値の表示ルールも経理チーム内で共有**しましょう。共有することによって，チーム内で作成する報告書の数値はすべて同じ表示方法となり，書類全体の統一感を図ることができます。

6　見やすさ向上　文字の表記を統一する

Excelで作成される決算報告書の中には，文字の表記がバラバラで見づらいものがあります。たとえば，次の報告書を見てください。

2023年12月

【月次決算】主要顧客別売上報告

単位：千円

顧客名	計画	実績	達成率
㈱ﾔﾏﾓﾄ	7,000	7,809	111.6%
東京Ｒｄｓ(株)	5,500	4,530	82.4%
ＴＤＫＴビジネス㈱	12,500	12,160	97.3%
株式会社ｽﾏｰﾄ印刷工業	10,000	9,970	99.7%

この報告書では，英字やカタカナに全角・半角が混在しています。また，「株式会社」と記載しているものもあれば，環境依存する「㈱」という記号を使っているものもあり，表記がバラバラです。

株式会社の表記が混在している状況

- ㈱　→環境依存する記号が使われている。
- （株）　→全角カッコ株で表示されている。
- 株式会社　→そのままの株式会社という名称が使われている。

同じ株式会社という意味でも，使われる表記が異なると報告書が非常に見づらくなります。また，文字検索をしたときに，同じ意味でも表記が異なるため思い通りに検索がヒットしなかったり，抽出やソートがうまく機能しなかったりするなど，Excel自体の使い勝手も悪くなります。

このような問題を解決するには，次のように文字の表記を統一するためのルールを設定し，それを運用する必要があります。

文字の表記ルール

・英数字はすべて半角とする。
・それ以外は全角とする。
・環境依存する記号（たとえば㈱）は利用しない。

上記のルールに基づいて作成した報告書が次のとおりです。

2023年12月

【月次決算】主要顧客別売上報告

単位：千円

顧客名	計画	実績	達成率
株式会社ヤマモト	7,000	7,809	111.6%
東京Rds株式会社	5,500	4,530	82.4%
TDKTビジネス株式会社	12,500	12,160	97.3%
株式会社スマート印刷工業	10,000	9,970	99.7%

このように文字の表記をルール化することで，文字の表記が統一され，報告書は見やすく，Excelの使い勝手もよくなります。

参考　文字表記がバラバラになる原因はシステムにある!?

なぜ文字表記がバラバラになってしまうのでしょうか。それは利用するシステム側の元データが根本的な原因となっている場合もあります。

たとえば，システムに顧客情報を登録するとき，マスタ登録における文字の表記ルールがないと，全角や半角，記号が入り混じった表記で顧客名が登録されてしまうことがあります。

そのため，Excelの文字表記のルール化も重要ですが，報告書作成に必要な元データとなるシステム側のマスタ登録においても，文字の表記についてルール化することも重要です。

7 見やすさ向上 数値と文字の表示位置を統一する

Excelで決算報告書を作成する場合，数値や文字の表示位置にも注意する必要があります。たとえば，次のような数値や文字の位置がバラバラな報告書は，一目で見づらい印象を与えます。

	A	B	C	D
1				
2		科目	補助科目	当月残
3		水道光熱費	電気代	8,904,980
4		水道光熱費	燃料利用料	9,870,437
5		水道光熱費	水道代	6,545,903
6		合計		25,321,320
7		交際費	接待飲食代	1,398,440
8		交際費	ゴルフ代	984,400
9		交際費	タクシー代	785,900
10		合計		3,168,740
11				

経理の現場では，ここまで数値と文字の表示位置がバラバラな報告書を見かけることはさすがにありませんが，見やすさを考えていない報告書は多く作成されています。

このような数値と文字の表示位置が原因で見づらい状態となっている問題を解決するには，次のように表示位置のルールを決めて運用する必要があります。

数値と文字の表示位置ルール

・数値は右揃え

・文字は左揃え

・表の見出しは中央揃え

この３つを表示位置の運用ルールとするだけで見やすさが大きく改善します。なお，この表示位置の運用ルールは，各企業が公表している一般的な決算書類等の表示位置を参考にしています。先ほどの例にルールをあてはめたものが下の表です。

科目	補助科目	当月残
水道光熱費	電気代	8,904,980
水道光熱費	ガス代	9,870,437
水道光熱費	水道代	6,545,903
合計		25,321,320
交際費	接待飲食代	1,398,440
交際費	ゴルフ代	984,400
交際費	タクシー代	785,900
合計		3,168,740

▶企業が公表している一般的な決算開示書類の例

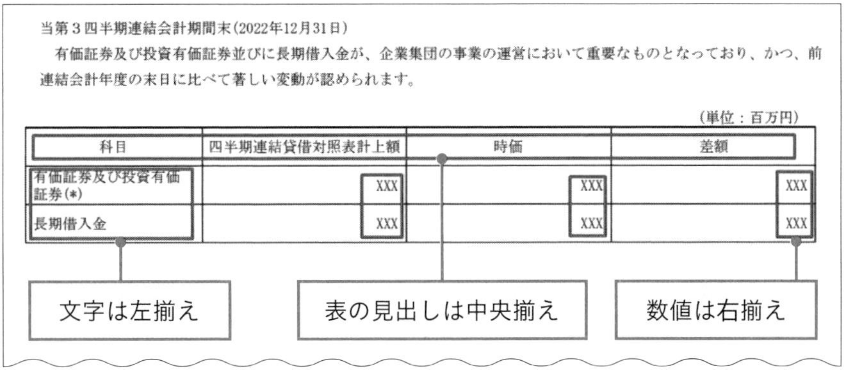
当第３四半期連結会計期間末（2022年12月31日）
　有価証券及び投資有価証券並びに長期借入金が、企業集団の事業の運営において重要なものとなっており、かつ、前連結会計年度の末日に比べて著しい変動が認められます。

（単位：百万円）

科目	四半期連結貸借対照表計上額	時価	差額
有価証券及び投資有価証券(*)	XXX	XXX	XXX
長期借入金	XXX	XXX	XXX

文字は左揃え
表の見出しは中央揃え
数値は右揃え

決算報告書を閲覧する人は，各企業が公表している書類を参考に企業の業績や財政状況の比較をしています。その際，**閲覧者が見慣れている一般的な書類の様式と合わせる**と，こちらが作成した決算報告書も見やすいと感じてもらえます。

まれに，報告書の作成者が独自色を出そうと数値や文字の位置を変えている場合がありますが，それは逆に報告書を見づらくし，悪い評価を受けてしまいます。数値と文字の表示位置は独自色を出すのではなく，一般的な書類と同様の表示位置に合わせましょう。

Column

経理が作成するExcel資料は見づらいものばかり…!?

経理では決算報告書のみならずさまざまな資料をExcelで作成しています。たとえば，小口現金管理のための出納帳や切手・印紙の管理のための受け払い簿，借入金管理表，リース物件一覧表，その他決算数値の集計資料など数値管理のためにExcelがフル活用されています。

そして，これらの資料は決算報告書同様，さまざまな関係者に共有・閲覧されます。たとえば，社外の監査法人や会計事務所の担当者には，監査のためにExcel資料を提出し，その内容に問題がないかチェックしてもらいます。その時Excel資料を受け取った人たちはこのように思っています。

「資料が見づらい……」

監査法人や会計事務所は，クライアントである企業が作成する資料に対して「見づらいからなんとかしろ」といったクレームを直接言うことはありませんが，担当者の本音を聞くと，

・ドギツイ派手な色ばかり使われていて目が疲れる…

・フォントの種類くらい統一してくれ…

・なんでマイナスの数値表示が毎回違うんだ…

といったようなことを常に思っているそうです。

企業側から提出されたExcel資料が見づらくて仕事に支障をきたすので，場合によっては自分たちで見やすく調整し直しているといったことも…。そして，この調整のために無駄に時間がかけられていることを，Excelで資料を作成した本人は知りません。見づらいExcel資料はどれだけ人に迷惑をかけているのか，経理でExcelを使う際に少し考えようと思ったエピソードです。

第3章

決算業務で超重要！
Excelの
ミスを防ぐスキル

決算業務ではExcelをどうやって活用しているの？

決算業務でExcelのミスを防ぐにはどうしたらいい？

1　決算業務ではExcelをフル活用している

決算業務は経理パーソンにとって最も重要な仕事です。この決算業務は，毎月実施する月次決算，年１回実施する年次決算，さらに上場企業などが３ヵ月ごとに実施する四半期決算といったように，期間ごとに次のような業務を行います。

・各期間における会社の業績，財産の状況を集計すること
・集計した業績，財産の状況に問題がないかを分析すること
・集計した業績や財産の状況を書類にまとめ，会社の関係者（株主や金融機関，得意先，税務署など会社に関わる利害関係者）へ知らせること

決算業務では，会社の業績や財産の状況を「集計・分析」し，「書類にまとめる」ために，日々の取引データをシステムから出力し，そのデータを加工するなどさまざまな作業を行いますが，その作業においてExcelが利用されています。

▶決算業務で作成されるExcel資料の一例

現金預金残高チェック表.xlsx
売掛金発生・回収チェック表.xlsx
棚卸資産内部利益消去計算.xlsx
貸付金増減明細.xlsx
仮払金内訳チェック表.xlsx
前払費用残高管理.xlsx
固定資産増減明細.xlsx
固定資産除売却明細.xlsx
月次決算書.xlsx
四半期決算書.xlsx

この他にも，勘定科目ごとの内訳管理表や決算数値を算出するシート，

連結決算に必要なデータ集計資料，決算開示に関する元資料など，決算に関するさまざまな資料がExcelで作成されています。

決算業務では会計システムなども活用しますが，システムだけでは集計・分析作業を完結するのが難しく，システムを補完するためにExcelが利用されています。会社によっては，システムの補完という枠を超えて，Excelが決算業務で使うメインのツールとなっている場合もあります。まさにExcelをフル活用して決算業務を行っているといえるでしょう。

このようにExcelをフル活用して集計した決算数値は，社内のみならず社外にも報告される重要な数値ですが，この数値について計算ミスをしてしまったらどのような影響を及ぼすでしょうか。

もし計算ミスをしてしまったら

・売上や利益，その他重要指標などの計算誤りにより，経営の意思決定に影響を及ぼす。
・開示した決算数値が間違っていたことにより，投資家の投資判断に影響を及ぼす。
・計算ミスが税金計算にも影響し，税務調査で指摘を受ける。

ここに挙げた影響は，最悪の場合を想定した例です。実際には上司や監査人，顧問税理士が，決算業務で計算された結果を複数回チェックするので，このような問題が起きることは少ないでしょう（ただし，すべてのチェックでもミスが見逃されてしまう場合もあり，油断はできません）。

しかし，担当者が何度も計算ミスをしていると「ミスが多くて仕事を任せたくないな…」，「いつもミスするから心配，信用できないな」と周囲から思われてしまいます。

このように決算業務におけるExcel操作のミスは，結果として**さまざまな関係者の意思決定や判断に影響を及ぼし，周囲からの信頼を失ってしまう**といったリスクがあります。

2　決算業務で起きているミスの実態とは？

決算業務でExcelを利用していると，さまざまなミスが発生します。

■ 決算業務におけるExcelのミス事例 ■

・計算式に修正が加えられていることを見逃し，計算を間違える。
・セルに入力されている数式や関数を見落とし，削除してしまう。
・消去してはいけないデータを上書きしてしまう。
・非表示とされていた重要な決算情報を見逃し，判断を誤る。
・データを入力すべきセルで，入力漏れが発生してしまう。
・関数の参照セルが違っているため，正しい集計が行われない。

Excelは自由にデータ集計や資料作成ができるため決算業務でも活用されていますが，**操作の制御は利用者個人に依存してしまい，ミスを誘発しやすいというデメリット**があります。だからこそ，Excelの操作では事前にミスを防ぐ手立てを講じておかなければなりません。

このミスを防ぐ手立てとしては，次の4つの方法が考えられます。

■ ミスを防ぐ4つの方法 ■

①　計算式が入っているセルに修正を加えない。
②　行，列を非表示のままにしない。
③　データを直接入力する箇所は色付けして区別する。
④　関数をシンプルにする。

この4つは，複雑な操作は不要であり，Excelを利用したことがある人なら誰にでもできる方法です。ここからは決算業務で起こるExcelのミスを防ぐ4つの方法について具体的に解説します。

3　ミスを防ぐ方法 計算式の修正には別枠を設ける

決算業務では，前期の決算で作成したExcel資料をコピーし，それを当期の決算資料として再利用する場合があります。このとき，**前期の資料で計算式に修正が加えられていると，問題が起きやすい**です。具体例を見ていきましょう。

▶ Excelの計算式に修正が加えられている例

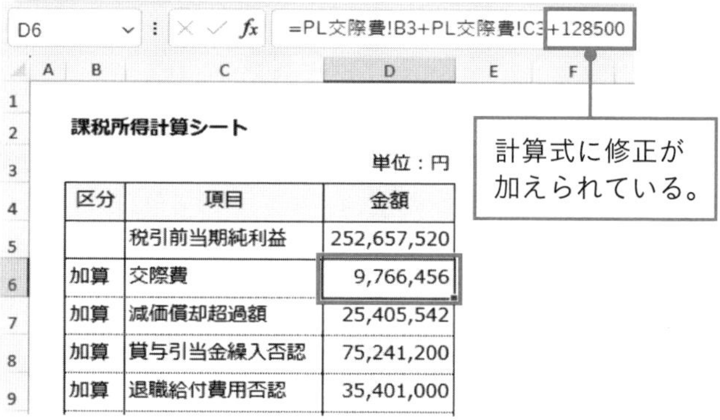

この例では，他のシートにある交際費データを集計する計算式（=PL交際費!B３+PL交際費!C３）が入っています。そこに「＋128500」という修正が加えられています。この修正（＋128500）が**のちに計算ミスを誘発する原因となる**可能性が非常に高いです。

（１）計算式に修正が加えられる理由

決算業務では，決算数値の集計後に取引データが追加で入力されたり，監査人等のチェックによって決算数値の間違いを指摘されたりすることがあります。

そのとき，決算業務中で忙しいこともあり，「とりあえず修正額だけをそのまま計算式へ入力し，数値合わせをしておこう」といったその場しのぎの対応が行われています。

（2）計算式に修正が加えられることで発生するミス

Excel資料の計算式に修正を加えると，**その修正をした本人以外の人は，資料をパッと見ただけでは修正が加えられているかわかりません**。また，修正が加えられていることがわかったとしても，なぜその修正をしたのかその理由がわかりません。これが，のちに計算ミスを引き起こす原因となります。

Excelの計算式に修正が加えられた結果，計算ミスが発生する例

- 前期決算で作成したExcelファイルをコピーして再利用した。
- そのファイルに，一時的に修正を加えた計算式があることを知らなかった。
- その修正を引き金に，決算数値の集計を間違えてしまった。

また，次のような問題も発生します。

計算式に修正が加えられた理由を調査しなければならない例

- 前期決算で作成したExcelファイルをコピーして再利用した。
- そのファイルの中に修正を加えた計算式があることがわかったが，その修正理由がわからない。
- 計算式の修正を残すべきか削除すべきかを確認するため，過去に遡って修正理由を調査した。

たとえば，異動などにより，前期と今期の決算業務の担当者が変更となった場合，変更後の担当者が前任者の作成したExcel資料を見て，「なぜ計算式に修正が加えられているの？」，「これは削除してはいけない修正なのか？」と悩み，**前期の資料作成時の状況を調査するという無駄な時間が発生**してしまいます（前の担当者も，自分はなぜ計算式に修正を加えたのかを忘れてしまい，確認に時間がかかるといったことも頻繁に起きています）。

このように計算式に修正が加えられていることが原因で計算ミスを引き起こしたり，修正理由の調査という無駄な時間を費やしたりすることを防ぐには，「**修正されていることがひと目でわかるように，修正欄を設けて計算式を修正する**」とよいでしょう。

▶修正欄を追加して計算式を修正する例①

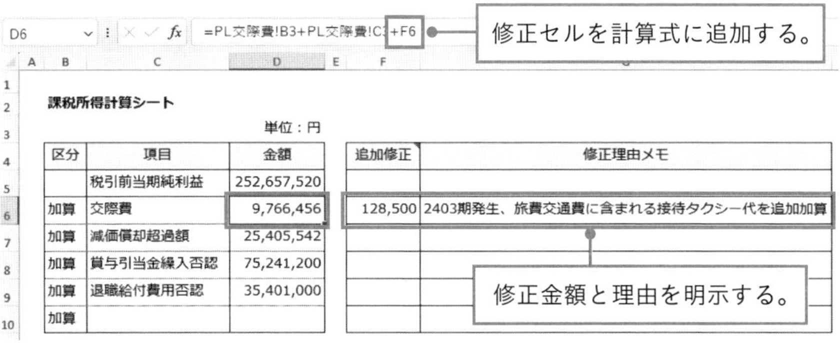

上の例に示すように，別枠で修正欄を設けることで修正が加えられた計算式を見逃すこともなく，計算ミスを防ぐことができます。また，修正理由も明確であるため，修正額を削除すべきかそのまま残しておくべきかを容易に判断できます。

なお，ここでは，修正理由を記載するために別枠を設けていますが，次頁の例のようにセルに「コメント」や「メモ」を付ける方法も考えられます。

▶修正欄を追加して計算式を修正する例②

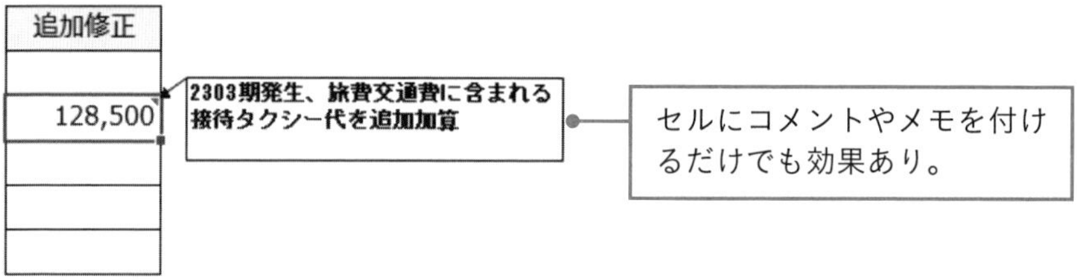

計算式への修正は一時的なので「そのまま計算式に修正を加えたほうが楽」と思われる方もいるかもしれませんが，**こうしたひと手間が後の計算ミスや無駄な作業時間の発生を防ぐために必要**なのです。

4　ミスを防ぐ方法　行，列は非表示にせずグループ化

Excelで資料などを作成する際，行や列を非表示にすることがあります。たとえば，決算数値を算出するとき，数値の算出結果だけを表示し，それ以外のデータを非表示にします。また，表の項目数が多いと操作しづらいため行や列を非表示にしておくこともあります。

これは一見，資料が見やすくなり，操作もしやすくなるので良さそうだと思われますが，実は問題があります。

▶行や列が非表示にされている事例

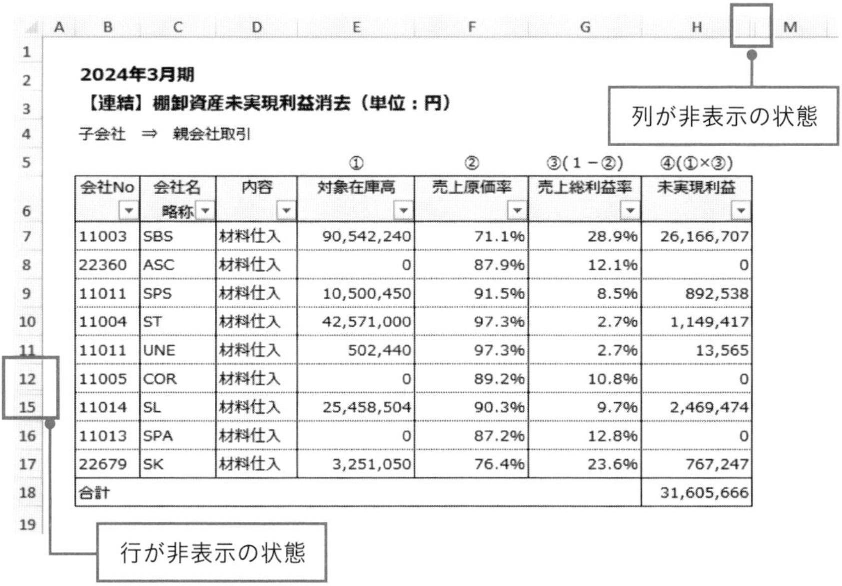
2024年3月期
【連結】棚卸資産未実現利益消去（単位：円）
子会社　⇒　親会社取引

			①	②	③(1－②)	④(①×③)
会社No	会社名略称	内容	対象在庫高	売上原価率	売上総利益率	未実現利益
11003	SBS	材料仕入	90,542,240	71.1%	28.9%	26,166,707
22360	ASC	材料仕入	0	87.9%	12.1%	0
11011	SPS	材料仕入	10,500,450	91.5%	8.5%	892,538
11004	ST	材料仕入	42,571,000	97.3%	2.7%	1,149,417
11011	UNE	材料仕入	502,440	97.3%	2.7%	13,565
11005	COR	材料仕入	0	89.2%	10.8%	0
11014	SL	材料仕入	25,458,504	90.3%	9.7%	2,469,474
11013	SPA	材料仕入	0	87.2%	12.8%	0
22679	SK	材料仕入	3,251,050	76.4%	23.6%	767,247
合計						31,605,666

上の例を見てもわかるとおり，一つずつ行列をチェックしていかないと，どこに非表示があるか見つけるのが難しく，非常にわかりづらい状況です。

そのため，**非表示のデータを見逃してしまう場合**があります。

特に，決算業務で作成するExcel資料は，作成者のみならず経理チームのメンバー間で共有しますが，そのメンバーが一部の行や列が非表示となっていることに気がつかず，必要なデータを見落とした結果，ミスをしてしまう可能性もあります。

また，数値を入力しなければならない箇所があるのに，行や列が非表示のため入力が漏れてしまい，**計算ミスにつながってしまう場合**もあります。

▶行列の非表示を解除した状態

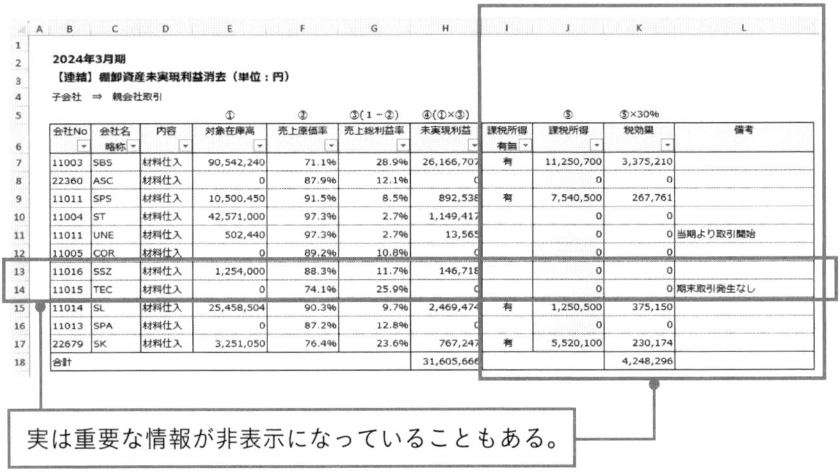

2024年3月期
【連結】棚卸資産未実現利益消去（単位：円）
子会社 ⇒ 親会社取引

会社No	会社名略称	内容	① 対象在庫高	② 売上原価率	③(1－②) 売上総利益率	④(①×③) 未実現利益	課税所得有無	⑤ 課税所得	⑤×30% 税効果	備考
11003	SBS	材料仕入	90,542,240	71.1%	28.9%	26,166,707	有	11,250,700	3,375,210	
22360	ASC	材料仕入	0	87.9%	12.1%	0		0	0	
11011	SPS	材料仕入	10,500,450	91.5%	8.5%	892,538	有	7,540,500	267,761	
11004	ST	材料仕入	42,571,000	97.3%	2.7%	1,149,417		0	0	
11011	UNE	材料仕入	502,440	97.3%	2.7%	13,565		0	0	当期より取引開始
11005	COR	材料仕入	0	89.2%	10.8%	0		0	0	
11016	SSZ	材料仕入	1,254,000	88.3%	11.7%	146,718		0	0	
11015	TEC	材料仕入	0	74.1%	25.9%	0		0	0	期末取引発生なし
11014	SL	材料仕入	25,458,504	90.3%	9.7%	2,469,474	有	1,250,500	375,150	
11013	SPA	材料仕入	0	87.2%	12.8%	0		0	0	
22679	SK	材料仕入	3,251,050	76.4%	23.6%	767,247	有	5,520,100	230,174	
合計						31,605,666			4,248,296	

実は重要な情報が非表示になっていることもある。

資料作成者は，作業をしやすくするために一時的に行や列を非表示にすることがあります。また，今回の作業で計算対象外の項目となった行や列を，とりあえず非表示にしておくといったこともあります。しかし，こうした操作は**重要な情報やデータを入力すべき箇所を隠してしまい，計算ミスを誘発します**。

そこで，データが多く，どうしても行や列の非表示が必要なときは，アウトラインの「グループ化」機能を使って，非表示にしたい行や列を折りたたむとよいでしょう。**グループ化機能を使って行や列を折りたたむこと**

で，非表示の部分がわかりやすくなります。

行や列をグループ化する手順は以下の３つの操作でできます。

▶グループ化機能の利用方法

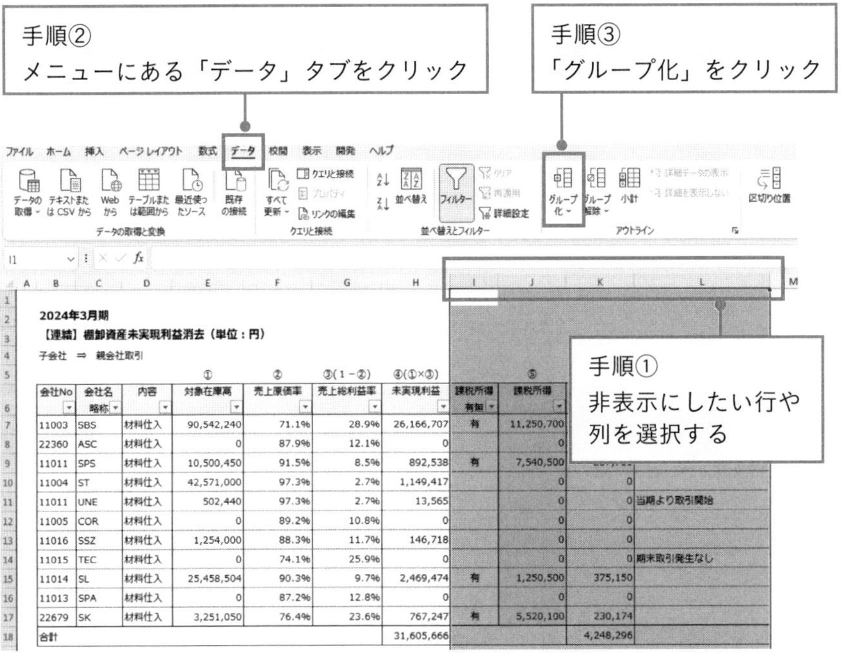

グループ化するとマイナス「－」ボタンが表示されるので，これをクリックします。すると，列が非表示になると同時に，プラス「＋」ボタンが表示されます。非表示された列を再表示する場合はプラスボタンをクリックします。

▶マイナス「－」のボタンを押すと非表示になる

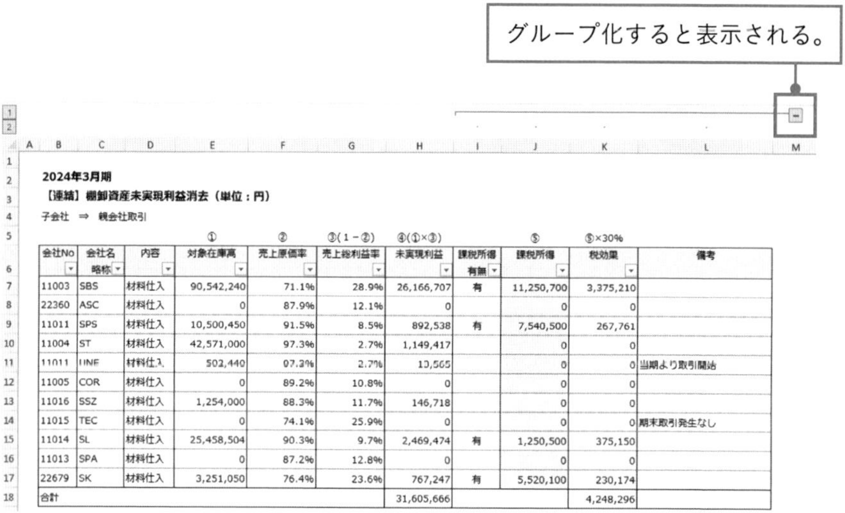

2024年3月期
【連結】棚卸資産未実現利益消去（単位：円）
子会社 ⇒ 親会社取引

			①	②	③(1－②)	④(①×③)		⑤	⑤×30%	
会社No	会社名略称	内容	対象在庫高	売上原価率	売上総利益率	未実現利益	課税所得有無	課税所得	税効果	備考
11003	SBS	材料仕入	90,542,240	71.1%	28.9%	26,166,707	有	11,250,700	3,375,210	
22360	ASC	材料仕入	0	87.9%	12.1%	0		0	0	
11011	SPS	材料仕入	10,500,450	91.5%	8.5%	892,538	有	7,540,500	267,761	
11004	ST	材料仕入	42,571,000	97.3%	2.7%	1,149,417		0	0	
11011	UNE	材料仕入	502,440	97.3%	2.7%	13,565		0	0	当期より取引開始
11005	COR	材料仕入	0	89.2%	10.8%	0		0	0	
11016	SSZ	材料仕入	1,254,000	88.3%	11.7%	146,718		0	0	
11015	TEC	材料仕入	0	74.1%	25.9%	0		0	0	期末取引発生なし
11014	SL	材料仕入	25,458,504	90.3%	9.7%	2,469,474	有	1,250,500	375,150	
11013	SPA	材料仕入	0	87.2%	12.8%	0		0	0	
22679	SK	材料仕入	3,251,050	76.4%	23.6%	767,247	有	5,520,100	230,174	
合計						31,605,666			4,248,296	

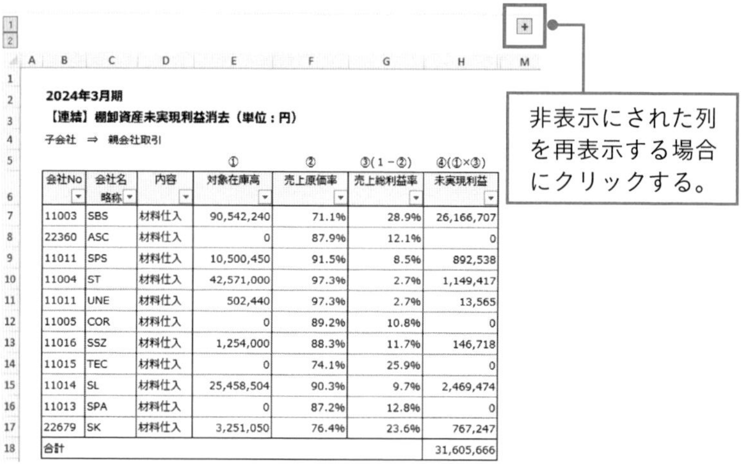

2024年3月期
【連結】棚卸資産未実現利益消去（単位：円）
子会社 ⇒ 親会社取引

			①	②	③(1－②)	④(①×③)
会社No	会社名略称	内容	対象在庫高	売上原価率	売上総利益率	未実現利益
11003	SBS	材料仕入	90,542,240	71.1%	28.9%	26,166,707
22360	ASC	材料仕入	0	87.9%	12.1%	0
11011	SPS	材料仕入	10,500,450	91.5%	8.5%	892,538
11004	ST	材料仕入	42,571,000	97.3%	2.7%	1,149,417
11011	UNE	材料仕入	502,440	97.3%	2.7%	13,565
11005	COR	材料仕入	0	89.2%	10.8%	0
11016	SSZ	材料仕入	1,254,000	88.3%	11.7%	146,718
11015	TEC	材料仕入	0	74.1%	25.9%	0
11014	SL	材料仕入	25,458,504	90.3%	9.7%	2,469,474
11013	SPA	材料仕入	0	87.2%	12.8%	0
22679	SK	材料仕入	3,251,050	76.4%	23.6%	767,247
合計						31,605,666

このように，行や列のグループ化をすることで，非表示となっている行や列がひと目でわかるようになりますので，わざわざ非表示の箇所を探して再表示の操作をする必要もなくなります（操作の手間を軽減できます）。

5　ミスを防ぐ方法 データを直接入力するセルは色付けする

決算業務で作成するExcel資料は，数値データを直接入力するセルや，他のシートにリンクしているセル，計算式が入っているセルなどが混在しています。

▶直接入力やリンク，計算式が混在している例

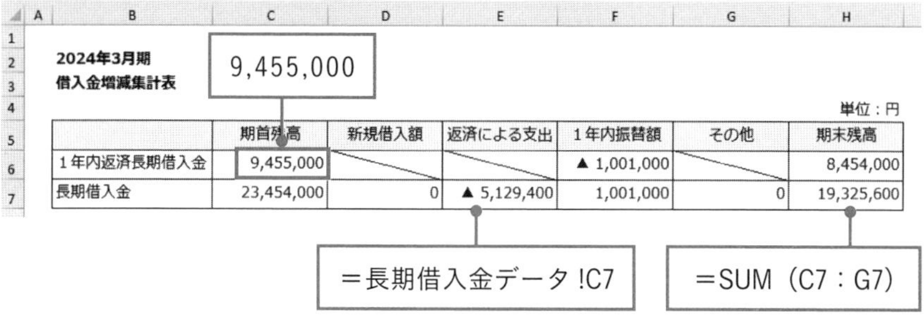

このように，データを直接入力するセルと計算式が入っているセルが混在していると，間違って計算式やリンクを消してしまったり，データを上書きしてしまったりするような操作ミスを引き起こす可能性があります。また，データを直接入力しなければならない箇所を見逃してしまい，入力漏れによる計算ミスが発生してしまう場合もあります。

このようなミスを防ぐには，**「データを直接入力するセル」と「リンクや計算式が入っているセル」がひと目でわかるように区別する**必要があります。具体的には，「データを直接入力するセル」には事前に決めた色を付けて，他のセルと区別するというルールを設けて運用する方法が効果的です。

▶データを直接入力する箇所に色付けした例

2024年3月期
借入金増減集計表

単位：円

	期首残高	新規借入額	返済による支出	1年内振替額	その他	期末残高
1年内返済長期借入金	9,455,000			▲ 1,001,000		8,454,000
長期借入金	23,454,000	0	▲ 5,129,400	1,001,000	0	19,325,600

⚠たとえば，直接入力のセルは文字を入力しても見やすい「薄い水色」にするというルールをチームで設ける。

このようにデータを直接入力するセルに色付けすることで，直接入力するセルとリンクや計算式が入っているセルが区別され，**間違ってそのリンクや計算式を削除や上書きしてしまうミスを減らす**ことができます。また，直接入力が必要な箇所が色付けで明示されるため，**データの入力漏れを防ぐ**こともできます。

セルに色付けしてExcelの操作ミスを防ぐ方法は，特に経理チームで作業するときに効果を発揮します。この色付けをチーム全体のルールとして運用することで，自分以外のチームメンバーが作成したExcel資料の構成もひと目でわかり，操作ミスをすることなく資料の共有ができます（逆に，自分が間違って他のチームメンバーが作成したExcel資料の計算式を壊してしまうといったことも防ぐことができます）。

セルに色付けルールを設定するだけというシンプルな方法ですが，Excelの操作ミスを防ぐ効果は非常に高いです。

6　ミスを防ぐ方法　関数をできるだけシンプルにする

決算業務では，さまざまなデータを加工して決算数値を集計するために，Excel関数を活用しています。中には，２～３つ以上の関数を組み合わせた複雑な関数が使われる場合もあります。

この関数は難しい計算を瞬時に行えるため非常に便利である一方，複雑すぎて計算ミスを発生させてしまうデメリットもあります。

▶長く複雑な関数の例

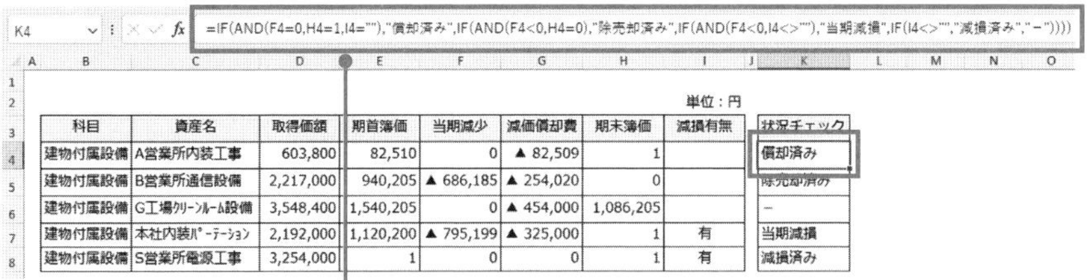

科目	資産名	取得価額	期首簿価	当期減少	減価償却費	期末簿価	減損有無	状況チェック
建物付属設備	A営業所内装工事	603,800	82,510	0	▲ 82,509	1		償却済み
建物付属設備	B営業所通信設備	2,217,000	940,205	▲ 686,185	▲ 254,020	0		除売却済み
建物付属設備	G工場ｸﾘｰﾝﾙｰﾑ設備	3,548,400	1,540,205	0	▲ 454,000	1,086,205		－
建物付属設備	本社内装ﾊﾟｰﾃｰｼｮﾝ	2,192,000	1,120,200	▲ 795,199	▲ 325,000	1	有	当期減損
建物付属設備	S営業所電源工事	3,254,000	1	0	0	1	有	減損済み

=IF（AND（F4=0, H4=1, I4=""),"償却済み", IF(AND（F4<0, H4=0),"除売却済み", IF(AND（F4<0,I4<>""),"当期減損", IF(I4<>"","減損済み","－"))))

上の例は，各固定資産が「償却済み」「除売却済み」「当期減損」「減損済み」いずれの状況にあるのかIF関数を使って表示できるようにしています。ここで使われている関数は，複数のIF関数を組み合わせて条件判断を行えるようにした結果，長く複雑で非常にわかりづらい関数になっています。

関数は長くなるほど，組み合わせミスや入力ミスによって計算エラーが発生する可能性が高くなります。計算エラーが発生すると，関数のどこに原因があるのかを探し出し，修正をしなければなりませんが，関数が長すぎるせいで確認に時間がかかってしまいます。また，連動して他の関数にも影響が及び，結果として計算が正しく行われないこともあります。

さらに，このようなExcelの資料は，複雑ゆえに作成者以外の経理チームメンバーがその関数の内容を理解できず，誰も触れない属人化した資料となってしまいます。

このように，長く複雑な関数はデメリットが多いです（Excel操作が得意な人ほど，関数を長く複雑にしてしまいがちなので注意が必要です）。

どうしても長く複雑な関数を使わないと計算できない場合は，関数を分割するなど，**できるだけ関数をシンプルに**しましょう。先ほどのIF関数の例であれば，以下のように工夫します。

▶関数を分割した例

単位：円

科目	資産名	取得価額	期首簿価	当期減少	減価償却費	期末簿価	減損有無	償却状況	除売却状況	減損状況1	減損状況2
建物付属設備	A営業所内装工事	603,800	82,510	0	▲ 82,509	1		償却済み	―	―	―
建物付属設備	B営業所通信設備	2,217,000	940,205	▲ 686,185	▲ 254,020	0		―	除売却済み	―	―
建物付属設備	G工場ｸﾘｰﾝﾙｰﾑ設備	3,548,400	1,540,205	0	▲ 454,000	1,086,205		―	―	―	―
建物付属設備	本社内装ﾊﾟｰﾃｰｼｮﾝ	2,192,000	1,120,200	▲ 795,199	▲ 325,000	1	有	―	―	当期減損	―
建物付属設備	S営業所電源工事	3,254,000	1	0	0	1	有	―	―	―	減損済み

関数を分割し，合わせて計算するセルも分けた場合

- **償却状況**…償却済みかどうかを判定する関数
  =IF(AND（F4=0,H4=1,I4=""),"償却済み","ー")
- **除売却状況**…除売却済みかどうかを判定する関数
  =IF(AND（F4<0,H4=0),"除売却済み","ー")
- **減損状況1**…当期減損が行われているかを判定する関数
  =IF(AND（F4<0,I4<>""),"当期減損","ー")
- **減損状況2**…減損済みかどうかを判定する関数
  =IF(AND（F4=0,I4<>""),"減損済み","ー")

関数を分割すると，計算する回数とセルが増えますが，それぞれの関数自体はシンプルでわかりやすくなります。

このようなシンプルなExcel関数は次のようなメリットがあります。

シンプルな関数のメリット

- 関数の計算ミスを減らせる。
- 関数のエラーの修正時間を減らせる。
- 他の人も関数の内容を理解できる（属人化を防ぐ）。

決算業務において，Excelの計算ミスのリスクや作業時間を減らし，経理チーム内でも資料を共有できるようにするためにも，関数はシンプルにしましょう。

Column

私はExcelのミスで決算を間違えました…

Excelで，決算数値の算出ミスや決算資料に記載する金額の計算ミスをしたという話を耳にしたことはありますか？

当時決算業務担当だった私は，前任者から貸倒引当金の計上業務を引き継ぎました。そのとき前任者のExcel資料を使って期末の貸倒引当金の計算を行ったのですが，一部の計算式に数値の修正が加えられていたのを見逃してしまったのです。この修正が原因で，間違った貸倒引当金を決算数値として計上してしまいました。しかし，間違いは誰にも気づかれず，そのまま決算開示書類や取締役会への決算報告書資料に反映されてしまいました。そして，いざ決算発表直前となったときに，監査人が貸倒引当金の計算ミスに気づき，急遽修正することになりました。

この修正によりExcel資料，会計システムデータ，取締役会に提出する決算資料や開示書類すべての修正が行われ，経理部内のみならず，その他関係部署，役員からもお叱りを受けました。Excelの１つの計算式のミスが，こんな大事になってしまったのです。

他に，連結決算の社内報告資料をExcelで作成したときにも大きなミスをしたことがあります。それは，「計算式が入っているセルに修正を加えない」，「データを直接入力する箇所は色付けして区別する」，「関数をシンプルにする」というルールを守っていれば発生の可能性を低く抑えられたと考えています。

経理にとってExcelは１つの作業ツールと思っている方も多いでしょう。しかし，使い方を間違えば大やけどするくらい重要なツールです。私自身，何度も大やけどするような辛い思いをしたからこそ，皆さんには本章の「ミスを防ぐExcelスキル」を実践していただきたいと思っています。

第4章

経理関係者に感謝される！
Excelを 使いやすくするスキル

子会社経理から提出されたExcelファイル，あちこちにセル結合されていて使いづらい…

過去から引き継がれてきたExcelの決算資料，シート数が多すぎて必要な情報がどこにあるのかわからない…

監査人へExcelの資料を提出したら，見方を教えてくださいと質問された…

1　使いづらいExcelは作業効率も悪化する

経理担当者が作成するExcel資料は，社内外の関係者が決算内容を確認するためなど，さまざまな目的で共有されます。

社内外の関係者へ提出する Excel 資料の例

・監査人から提出が求められる決算数値の算出資料
・顧問税理士に税金計算を依頼するときに提出する決算関連資料
・営業部門へ提供する部門別の月次損益状況報告資料
・役員へ期末の決算状況を報告するために作成した決算概況報告書
・連結決算に必要なデータを入手するために，子会社へ配布する連結パッケージ資料

ここで問題となるのが，共有されたExcelファイルが使いづらいということです。

Excelが使いづらいせいでファイルの内容が理解できなかったり，修正などの追加作業が発生してしまったりすることが現場では実際に起きています。

使いづらい Excel ファイルの例

・ファイルの容量が重すぎて，開くのに時間がかかる。
・シート名が意味不明で，どのシートに必要な情報があるかわからない。
・印刷範囲が指定されておらず，何枚も無駄に印刷してしまった。
・セル結合のせいで，ピボットテーブルなどの便利機能が使えない。
・金額の単位が，千円や百万円単位が混在していてわかりづらい。

経理業務で作成するExcel資料は，自分だけが利用するものではありません。経理チーム内のメンバーはもちろん，ほかの部署や取締役や監査役

といった役員へも配信します。さらには社外の監査人や顧問税理士にも共有されます。**自分以外のさまざまな関係者と共有するにもかかわらず，使いづらいExcelを作成することは，相手のことを考えない不親切な行為**であるといえます。

使いづらいExcelは，作業効率も悪化させます。ファイルが重すぎて開くのに時間がかかってしまったり，シートが多すぎてどこに何の情報があるのかわからなかったりしてファイルの内容を確認するのに時間を費やしてしまいます。必要な情報が探せず，Excelファイルの作成者にどこに情報があるのか確認をしなければなりません。

このような時間は，本来Excelが使いやすく整理されていれば発生しなかったはずで，無駄な時間といえます。

このように使いづらいExcelは，操作するにも不便で社内外の関係者全員の作業効率を悪化させる原因となっていることから，一刻も早く改善しなければなりません。しかし，具体的に何を改善しなければならないのでしょうか。

本章では，Excelを使いづらくしているさまざまな問題のうち，特に経理業務に影響する以下５つの問題について改善方法を解説します。

経理業務に影響するExcelが使いづらい「５つの問題」

- セル結合が多用されることによる問題
- 印刷範囲が未設定の問題
- 外部ファイルリンクが引き起こす問題
- 金額単位がわからない問題
- 煩雑なシート管理の問題

2 使いやすさ向上 セルの結合は使わない

Excelで資料を作成する場合，表の見栄えを整えるためにセルの結合を使う場合があります。

▶セルの結合が使われている事例

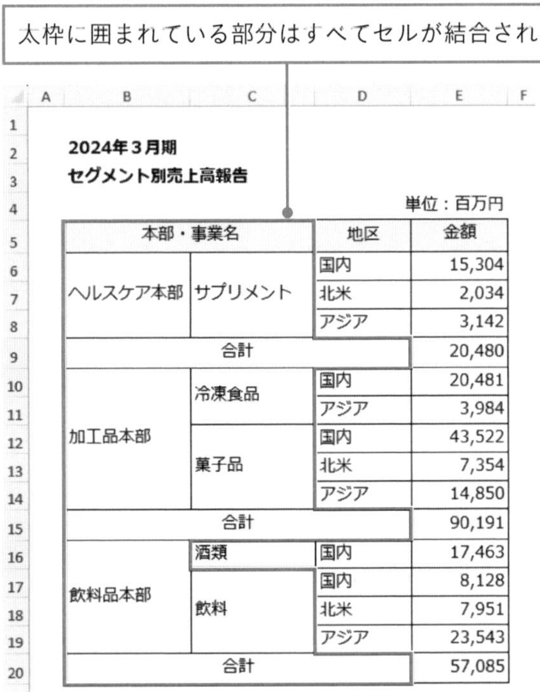

本部・事業名		地区	金額
ヘルスケア本部	サプリメント	国内	15,304
		北米	2,034
		アジア	3,142
合計			20,480
加工品本部	冷凍食品	国内	20,481
		アジア	3,984
	菓子品	国内	43,522
		北米	7,354
		アジア	14,850
合計			90,191
飲料品本部	酒類	国内	17,463
	飲料	国内	8,128
		北米	7,951
		アジア	23,543
合計			57,085

上の表はセグメント別の売上集計表であり，本部別・事業別・地域別の売上を集計しています。この表では，本部や事業といった項目をセル結合で括ることによって，表の見栄えを整えています。このような見栄えを整えたExcel資料を社内外の関係者へ提供する場合，提供された側としては

正直，使いづらい資料だと思っていることが多いです。

せっかく見栄えを良くしているのに使いづらいと思われるのはなぜでしょうか。それは，セル結合には次のような問題があるからです。

セルの結合によって起きる問題

・ピボットテーブルが利用できない。
・データの並べ替えができない。
・フィルター機能が使えない。
・セル結合の作業に時間がかかる。

セルを結合すると，ピボットテーブルなどExcelの便利機能が使えなくなる，フィルター機能が使えず自由にデータの抽出ができなくなってしまうといった問題が発生します。これにより，Excel資料を提供された側は思い通りの集計ができず苦労します。

また，Excel資料を作成する側においても，見栄えを良くするためだけに１つずつセル結合を行う作業時間が増えてしまう問題もあります。

（1）ピボットテーブルが利用できない問題

ピボットテーブルとは，大量のデータをさまざまな角度から自由に分析加工できるExcelの便利機能です。経理では，決算数値の集計等でピボットテーブルが活用されていますが，セル結合をしていると利用できない，または利用できたとしても正しい集計ができないという問題があります（ピボットテーブルの使い方については，第６章で詳しく解説します）。

▶見出しにセル結合があるデータをピボットテーブルにする場合

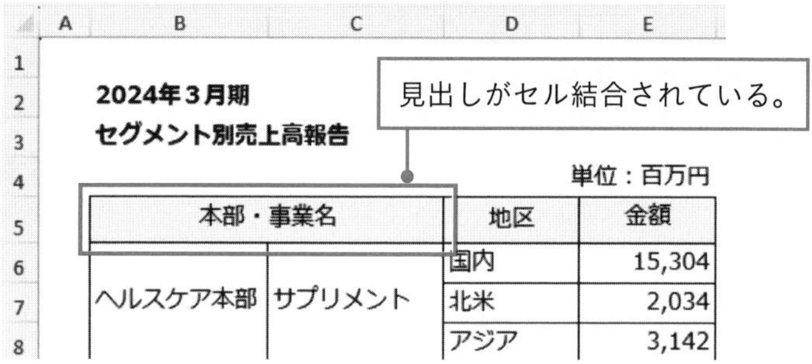

A
B
C
D
E
1
2
2024年３月期
見出しがセル結合されている。
3
セグメント別売上高報告
4
単位：百万円
5
本部・事業名
地区
金額
6
国内
15,304
7
ヘルスケア本部
サプリメント
北米
2,034
8
アジア
3,142

上の表のように見出しがセル結合されている状態でピボットテーブルを利用しようとすると，以下のような長い文面の警告が出てしまい，そもそもピボットテーブルを利用することができません。

> 「そのピボットテーブルのフィールド名は正しくありません。ピボットテーブル レポートを作成するには，ラベルの付いた列でリストとして編成されたデータを使用する必要があります。ピボットテーブルのフィールド名を変更する場合は，フィールド名の新しい名前を入力する必要があります。」

また，表の中にセル結合があると，ピボットテーブルは利用できるものの，正しい集計が行われないという問題が発生します。参考までに次のセル結合がされているデータをピボットテーブルにしてみましょう。

正しい集計が行われないピボットテーブルの例

2024年３月期
セグメント別売上高報告

単位：百万円

本部	事業部	地区	金額
ヘルスケア本部	サプリメント	国内	15,304
		北米	2,034
		アジア	3,142
合計			20,480
加工品本部	冷凍食品	国内	20,481
		アジア	3,984
	菓子品	国内	43,522
		北米	7,354
		アジア	14,850
合計			90,191
飲料品本部	酒類	国内	17,463
	飲料	国内	8,128
		北米	7,951
		アジア	23,543
合計			57,085

ピボットテーブル集計

行ラベル	合計 / 金額
ヘルスケア本部	15,304
飲料品本部	17,463
加工品本部	20,481
合計	167,756
(空白)	114,508
総計	**335,512**

明らかに集計結果がおかしい。

この例では，本部ごとの売上高をピボットテーブルで集計していますが，明らかに金額の集計が間違っています（セル結合された一部のデータが空白とされていたり，合計値も含めて総計が計算されていたりと問題ばかりです）。

このように，**セル結合されているデータをピボットテーブルにすると正しく集計できない**ため，わざわざセル結合を解除して正しい集計ができるようにデータを修正しなければなりません。

（2）データの並べ替えができない問題

データの並べ替えとは，バラバラに並んでいるデータを条件に合わせて並べ替える機能です。データを五十音順や数値順などに並べ替えができるため重宝する機能なのですが，**セル結合がされていると並べ替えができません**。

たとえば，次の表にある地区別にアジア，国内，北米の順に並べ替えをしてみましょう。

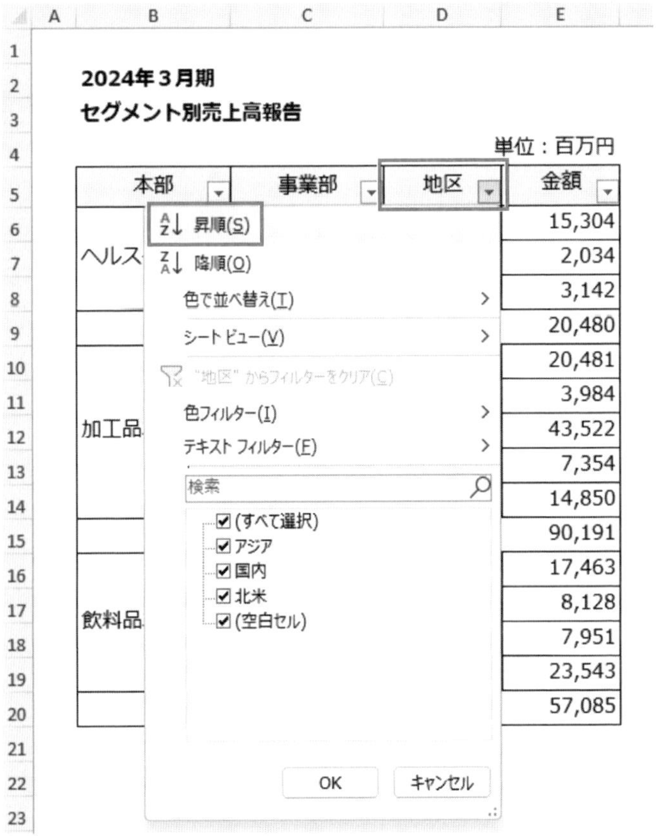

ここで並べ替えを実施すると，次のような警告が出てしまいデータの並べ替えができません。

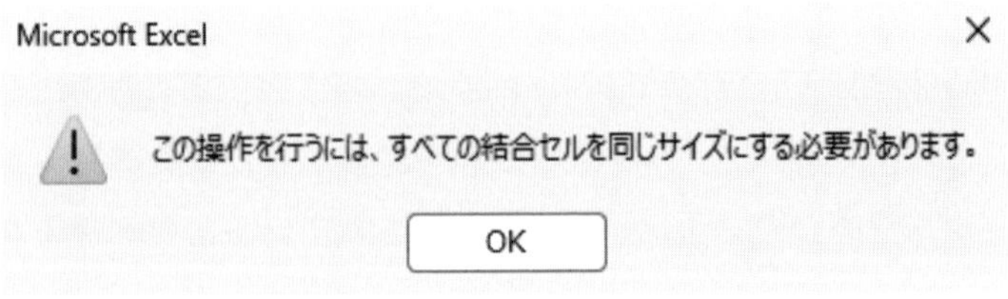

このように，セル結合があるとExcelの機能であるデータの並べ替えが使えないことに注意が必要です。

（３）フィルター機能が使えない問題

フィルター機能では，表にあるデータのうち，一部条件に見合うデータだけを抽出できます。この機能についてもセル結合があると使えません。

▶事業部の中から「菓子品」を抽出する

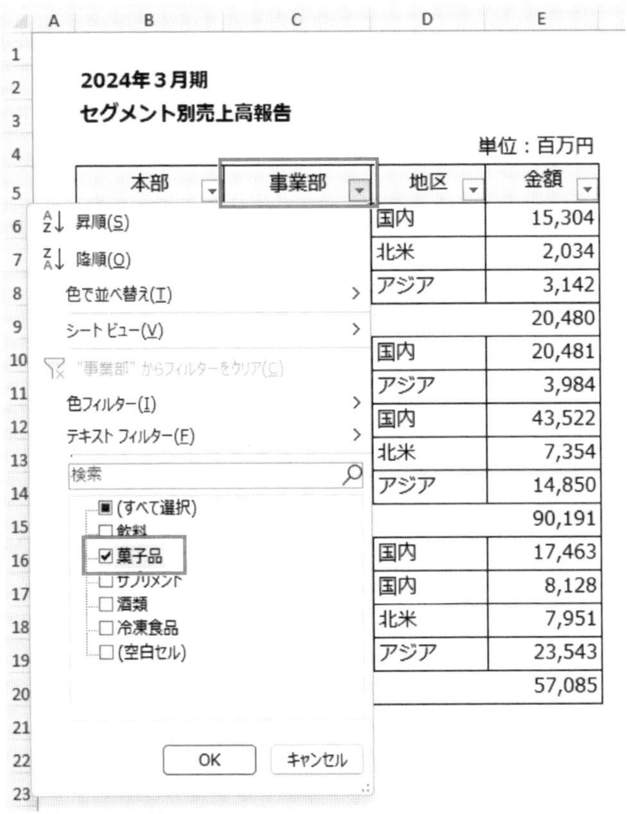

▶「菓子品」を抽出した結果は…

	A	B	C	D	E
1					
2		**2024年３月期**			
3		**セグメント別売上高報告**			
4					単位：百万円
5		本部	事業部	地区	金額
12		加工品本部	菓子品	国内	43,522

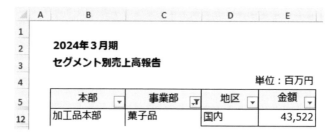

本来であれば菓子品すべてのデータが表示されるはずですが，「菓子品」の一部のデータしか抽出できませんでした。本来は下の図のような結果を表示したいのです。

▶フィルターで抽出してほしい「菓子品」のデータ

	A	B	C	D	E
1					
2		**2024年３月期**			
3		**セグメント別売上高報告**			
4					単位：百万円
5		本部	事業部	地区	金額
12		加工品本部	菓子品	国内	43,522
13				北米	7,354
14				アジア	14,850

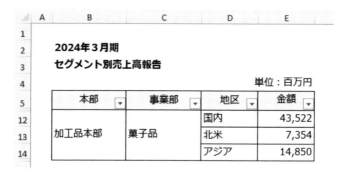

このように，**セル結合があるとフィルター機能が思い通りに使えないこと**に注意する必要があります。

（4）セル結合の作業に時間がかかる問題

セル結合をするには，複数のセルを選択して結合する必要があります。

▶セル結合には，毎回範囲を選択して結合するという操作が必要

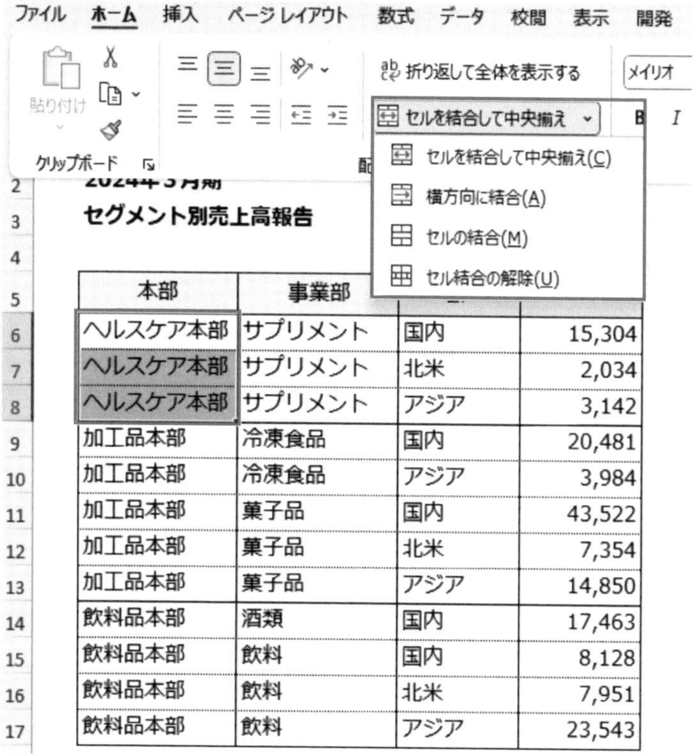

本部	事業部		
ヘルスケア本部	サプリメント	国内	15,304
ヘルスケア本部	サプリメント	北米	2,034
ヘルスケア本部	サプリメント	アジア	3,142
加工品本部	冷凍食品	国内	20,481
加工品本部	冷凍食品	アジア	3,984
加工品本部	菓子品	国内	43,522
加工品本部	菓子品	北米	7,354
加工品本部	菓子品	アジア	14,850
飲料品本部	酒類	国内	17,463
飲料品本部	飲料	国内	8,128
飲料品本部	飲料	北米	7,951
飲料品本部	飲料	アジア	23,543

このセル結合の設定，１回の操作にはさほど時間はかかりませんが，**複数個所のセル結合を続けるとその操作だけでも結構な時間がかかってしまいます。**

ピボットテーブルやデータの並び替えといったExcel便利機能が使えなくなるデメリットが多いのに，セル結合のために作業時間を費やすのはそれこそ無駄です。

(５) セル結合を使わず，Excel資料を関係者へ提供するには？

Excel資料を受け取る人は，Excelの便利機能を使ってさまざまな角度

から分析・集計したいと考えています。しかし，セル結合があるとそれができずストレスを感じているのが実情です（分析・集計ができるようにするため，受け取ったExcelの修正加工に時間をかけていることもよくあります）。

Excel資料を受け取る人の要望に応えるためには，セル結合を使わず資料を次のようなデータベース形式の表にするとよいでしょう。

▶セル結合をしていないデータベース形式の表

2024年3月期
セグメント別売上高報告　単位：百万円

本部	事業部	地区	金額
		合計	167,756
ヘルスケア本部	サプリメント	国内	15,304
ヘルスケア本部	サプリメント	北米	2,034
ヘルスケア本部	サプリメント	アジア	3,142
加工品本部	冷凍食品	国内	20,481
加工品本部	冷凍食品	アジア	3,984
加工品本部	菓子品	国内	43,522
加工品本部	菓子品	北米	7,354
加工品本部	菓子品	アジア	14,850
飲料品本部	酒類	国内	17,463
飲料品本部	飲料	国内	8,128
飲料品本部	飲料	北米	7,951
飲料品本部	飲料	アジア	23,543

このようなデータベース形式の表にすれば，**データの並び替えやフィルター機能が使える**ようになります。また，ピボットテーブルで集計・加工・分析も自由に行うことができます。

上の表を例にとると，「加工品本部」の売上高だけを抽出したり，「アジア」のみの売上高を集計したりと視点を変えてデータ集計・分析ができます（このデータベース形式の表の作成方法については，第７章で詳しく解説します）。

また，見栄えを整えた表を作成する必要がある場合は，ピボットテーブルを活用することで対応が可能です。データベース形式の表からピボットテーブルに展開すれば，見栄えが整った表を作成できるので，わざわざセル結合して表を整える必要はありません。

▶ピボットテーブルを使えば表の見栄えも良くなる

2024年３月期
セグメント別売上高報告　　単位：百万円

		合計	167,756
本部	事業部	地区	金額
ヘルスケア本部	サプリメント	国内	15,304
ヘルスケア本部	サプリメント	北米	2,034
ヘルスケア本部	サプリメント	アジア	3,142
加工品本部	冷凍食品	国内	20,481
加工品本部	冷凍食品	アジア	3,984
加工品本部	菓子品	国内	43,522
加工品本部	菓子品	北米	7,354
加工品本部	菓子品	アジア	14,850
飲料品本部	酒類	国内	17,463
飲料品本部	飲料	国内	8,128
飲料品本部	飲料	北米	7,951
飲料品本部	飲料	アジア	23,543

ピボットテーブルで展開

本部	事業部	地区	合計 / 金額
⊟ヘルスケア本部	⊟サプリメント	アジア	3,142
		国内	15,304
		北米	2,034
ヘルスケア本部 集計			**20,480**
⊟加工品本部	⊟冷凍食品	アジア	3,984
		国内	20,481
	⊟菓子品	アジア	14,850
		国内	43,522
		北米	7,354
加工品本部 集計			**90,191**
⊟飲料品本部	⊟酒類	国内	17,463
	⊟飲料	アジア	23,543
		国内	8,128
		北米	7,951
飲料品本部 集計			**57,085**
総計			**167,756**

3 使いやすさ向上 印刷範囲を設定しておく

Excelを使いやすくするには，印刷範囲の設定が必要です。現在はペーパーレス化が進んでいますが，Excelの資料を紙で印刷してチェックしたいという需要はまだあります。また，経理業務ではExcel資料の重要な部分だけをPDF化し，そのPDFデータを関係者へ配布するといったことも行われています。

このとき紙の印刷やPDF化で印刷範囲が設定されてないと，大量の紙が印刷されてしまったり，必要な箇所が印刷されなかったり，さらには複数の使えないPDFファイルが出来上がったりします。こうした問題を避けるためにも，**Excelで資料を作成したら必ず印刷範囲を設定**しましょう。

この印刷範囲を設定する際には，次の２点に気をつけてください。

印刷範囲の設定における注意点

① A4 サイズ（または A3）で印刷できるようにする。

② Excel 資料の中でも重要なシートのみ印刷範囲を設定する。

一般的に紙で印刷される資料はＡ４サイズとなるので，印刷の設定もＡ４サイズにしておきます（場合によってはＡ３サイズもあり）。

また，印刷範囲を設定する箇所は，Excel資料の中でも印刷して使用する「計算結果を表示するシート」だけにします。Excel資料には，計算結果を表示するシートのほかに，計算に必要な元データなど複数シートがあることが多いですが，それらのシートに印刷範囲を設定してもそれを印刷することはありません。**無駄な作業時間を減らすためにも必要な箇所にだけ印刷範囲を設定**します。

▶印刷されるシートにのみ印刷範囲を設定する

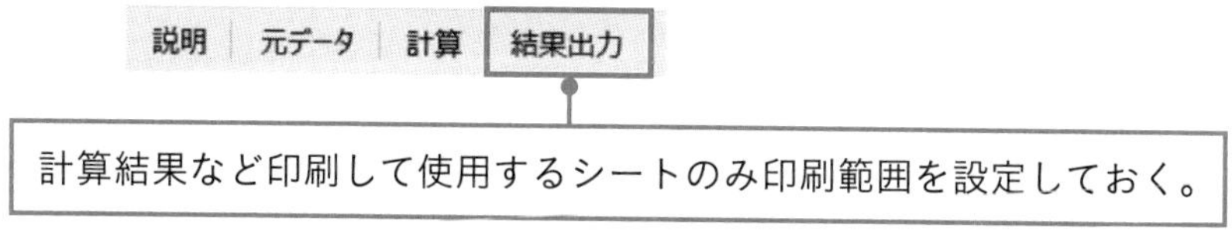
説明
元データ
計算
結果出力
計算結果など印刷して使用するシートのみ印刷範囲を設定しておく。

印刷範囲の設定は，Excelを利用する人を思いやる「おもてなし」でもあり，このちょっとした思いやりを加えることで，Excelが使いやすくなります。

▶印刷範囲を正しく設定していない状態

合計残高試算表
自 2024年 4月 1日 至 2025年 3月31日
単位：千円

コード	科目名	繰越残高	借方	貸方	残高
10100	現金	272,732	875,000	558,388	589,344
10111	当座預金	0	0	0	0
10113	普通預金	197,875,895	99,818,837	84,610,978	213,083,754
10114	定期預金	0	0	0	0
10135	受取手形	0	0	0	0
10137	売掛金	83,129,886	88,618,234	56,656,877	115,091,243
10150	有価証券	0	0	0	0
10161	商品	34,007,098	1,534	32,787,647	1,220,985
10162	製品	14,364,401	784,716	878,757	14,270,360
10163	仕掛品	0	0	0	0
10171	前渡金	0	0	0	0
10172	前払費用	134,795,083	6,137,726	28,531,598	112,401,211
10175	預け金	92,323,770	52,500,000	68,295,623	76,528,147
10178	未収収益	0	0	0	0
10179	短期貸付金	0	0	0	0

1ページ

▶印刷範囲を設定した状態

合計残高試算表
自 2024年 4月 1日 至 2025年 3月31日
単位：千円

コード	科目名	繰越残高	借方	貸方	残高
10100	現金	272,732	875,000	558,388	589,344
10111	当座預金	0	0	0	0
10113	普通預金	197,875,895	99,818,837	84,610,978	213,083,754
10114	定期預金	0	0	0	0
10135	受取手形	0	0	0	0
10137	売掛金	83,129,886	88,618,234	56,656,877	115,091,243
10150	有価証券	0	0	0	0
10161	商品	34,007,098	1,534	32,787,647	1,220,985
10162	製品	14,364,401	784,716	878,757	14,270,360
10163	仕掛品	0	0	0	0
10171	前渡金	0	0	0	0
10172	前払費用	134,795,083	6,137,726	28,531,598	112,401,211
10175	預け金	92,323,770	52,500,000	68,295,623	76,528,147
10178	未収収益	0	0	0	0
10179	短期貸付金	0	0	0	0

1ページ

4 使いやすさ向上 外部ファイルのリンクを外す

Excelファイルを開いたとき，このようなダイアログボックスの警告メッセージが表示されたことはないでしょうか？

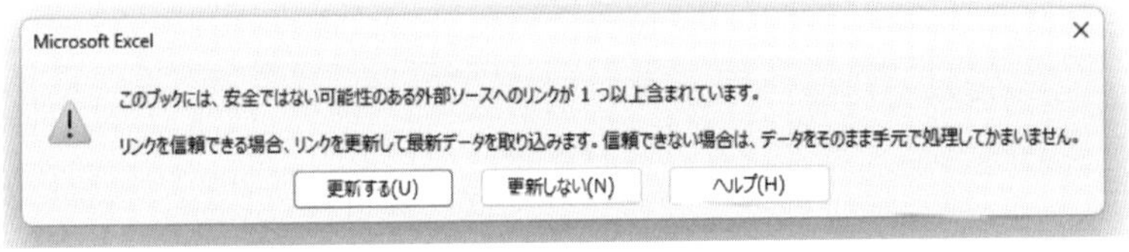

この警告メッセージは，ファイルサーバーにおいてあるExcelやほかの部署などからメールで送られてきたExcelを開くと表示される場合があります。Excelを開くたびにこの警告が表示されるため，非常に邪魔でうっとうしいと感じてしまいます。さらに，この警告が表示されるExcelはPCがフリーズしたと感じるくらい開くのが遅いこともあります。

この「外部ソースへのリンク」の警告ですが，なぜ表示されるのでしょうか。その原因は「**開こうとしているExcelの中に，他のExcelファイルのデータがリンクされている**」ということです。

▶ほかのExcelファイルのセルを参照している事例

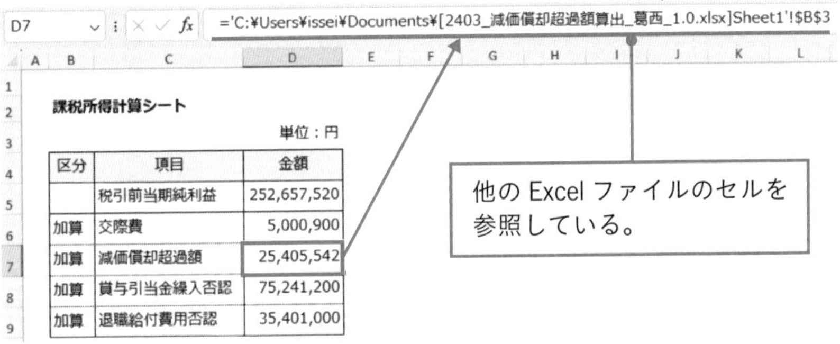

開こうとしているExcelの中に，別のExcelファイルのセルとリンクしているデータがあるということです。この「外部ソースへのリンク」はエラーが表示されても「更新しない」を選んでおけば大きな問題となりません。しかし，外部リンク先の元の計算式を変更したことで正しい計算ができなくなったり，元に戻せなくなったりする場合もあるため注意が必要です。

ファイルを開くたびに警告が表示されてうっとうしい，正しい計算ができない，開くのに時間がかかるといった問題がある「外部ソースへのリンク」ですが，これは**他のExcelファイルのセル参照を禁止することで解決**します。他のファイルのセルを参照しないようにExcelの計算式の作り方を変える必要がありますが，１つのExcelの中で計算が完結できれば，シンプルで使いやすさも向上します。

「外部ソースへのリンク」で発生する問題を回避し，Excelを使いやすくするには，ほかのExcelファイルのセル参照をやめる必要があります。

5　使いやすさ向上 金額単位は必ず表示する

Excelで決算資料や業績報告資料などを作成する場合，**必ず金額の単位を入れましょう**。資料に金額の単位がないと「円単位なのか？　千円単位なのか？　それとも，百万円単位なのか？」がはっきりしません。資料を作成した本人は金額単位を知っているかもしれませんが，他の人はその判断ができません。

自分以外の経理チームメンバーや，ほかの社内外関係者に使いやすいExcelだと思ってもらうためには，こうした金額単位も入れておく必要があります。また，金額単位は**資料の名称の下や表の右上といった目立つ場所に記載**しましょう。目立つ場所に表示することで，資料を閲覧する人にひと目で単位を理解してもらえます。

▶ Excelの表に金額単位を表示する場合

表の右上に金額単位を記載する。

損益計算書
自 2024年 4月 1日 至 2025年 3月31日

単位：千円

コード	科目名	前期末	当期末	増減
51000	売上高	7,633,383	8,365,351	731,968
52000	売上原価	1,103,483	1,209,296	105,813
53000	売上総利益	6,529,900	7,156,055	626,155
60720	役員報酬	251,397	275,503	24,106
60721	給与手当	1,338,411	1,466,751	128,340
60722	賞与	0	0	0
60723	雑給	44,434	48,695	4,261
60725	退職金	0	0	0
60726	賞与引当金繰入額	222,295	243,611	21,316

▶ Excel資料の題目の下に金額単位を表示する場合

2024年３月期決算ハイライト

（単位：百万円） ― 資料の題目の下に金額単位を記載する。

業績サマリー

	当期実績		業績予想対比	
	金額	前年同期比	前回予想	増減額
売上高	3,764,075	24.3%	3,450,000	314,075
営業利益	125,450	9.8%	120,000	5,450
経常利益	145,940	31.8%	132,000	13,940
親会社株主に帰属する当期純利益	109,158	30.1%	85,400	23,758

加えて，**金額単位を入れる際には，単位の表示方法もルール化**しましょう。たとえば，次のように資料の用途に合わせるといった方法が考えられます。

金額単位の表示ルール例

- 決算数値を計算する資料はすべて円単位
- 社内報告資料は千円単位切り捨て表示
- 決算開示書類は百万円単位切り捨て表示

金額単位が資料によって異なると，単位の認識ミスにより計算を間違ってしまうことがあるため，あらかじめ資料ごとに使う金額単位を決め，それを経理チーム内共通の運用ルールとすることをおすすめします。

6 使いやすさ向上 シート管理を徹底する

経理業務においてExcelを使うとき，特に気をつけなければならないのがシートの管理です。**シートの管理が煩雑になっていると確実に仕事のパフォーマンスが低下**します。たとえば，次のようなシートが含まれているExcel資料は，業務効率を悪化させる原因となります。

業務効率の悪化原因となるシート例

・シート数が多すぎる。
・使わないシートが多い。
・シート名が長すぎる，または意味不明。
・シートの色がカラフルすぎる，色が何を示しているかわからない。
・重要なシートが非表示にされている。

これらのうち１つでも該当しているシートがあれば，それは非常に使いづらいExcelといえます。

▶問題のあるExcelシート事例

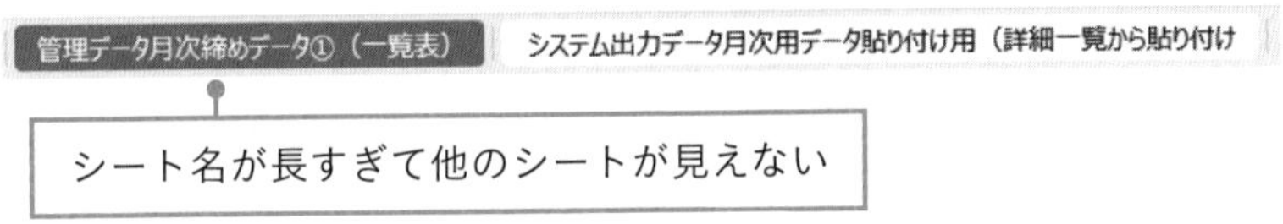

シートの数が多いと閲覧したいシートにたどり着くまでに時間がかかってしまいます。むやみやたらに色が付けられ，さらにシート名が意味不明

だと，どこに目的のシートがあるのか探すのが大変です（時間をかけて１つずつシートの中身をチェックしていかなければなりません）。

また，シート名が長すぎると，他のシートが見えずExcelファイルの全体構成が把握しづらくなります。さらに，重要なシートが非表示にされている場合，必要な情報を見逃してしまい処理ミスを引き起こしてしまう可能性もあります。

このようなシートの問題を解決するためには，次の「５つの方法」を実践する必要があります。

シートの問題を解決する５つの方法

- 左から右へ向かって計算作業が行えるようにシートを配置する。
- シートは非表示にしない。
- シート数はできるだけ少なくし，未使用のシートは削除する。
- むやみにシートに色をつけない。
- シート名は短くかつ意味のある名前にする。

（1）左から右へ計算作業が行えるようにシートを配置する

シートは，**左から右へ向かって計算作業を行えるように配置**します。これにより，左から順にシートを追っていくことで計算過程を理解することができます。そして，一番右側のシートが計算結果を表示するシートになり，どこにどのようなシートがあるのかがわかりやすくなります。

左のシートから順に計算作業を行うようにシートを配置

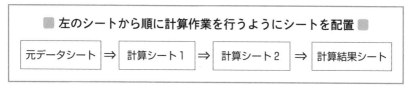

元データシート ⇒ 計算シート１ ⇒ 計算シート２ ⇒ 計算結果シート

システムから出力した元データを，計算シート１・２で加工して右側の計算結果シートで結果を表示するといったシート構成になっています。

（2）シートは非表示にしない

Excelの資料を作成する際，シートが多すぎて作業がしづらいので一時的にシートを非表示にしておく場合があります。また，Excel資料の作成者が重要なシートではないと勝手に判断してシートを非表示にすることもあります。しかし，シートが非表示にされているとExcel資料の中で行われている計算過程がわからなくなったり，実は重要な情報が記載されていたのを見逃したりすることが起きてしまいます。

▶シートが非表示にされることで計算過程がわからなくなる

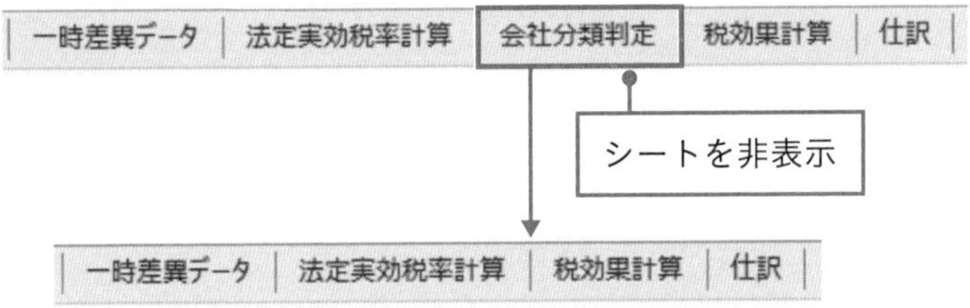

上の図では，税効果会計における繰延税金資産の「会社分類判定」というシート非表示にされています。その結果，繰延税金資産の計上基準がわからず，税効果会計の計算結果が正しいかどうかを判断することができません。

「非表示のシートがあったら再表示すればいいだけ…」そう思われるかもしれませんが，実際はほかの人が作成したExcelを開くたびに非表示のシートがないかどうか確認するような面倒なことはしません。むしろ非表示にされているシートがあることすら気付かずにいることがほとんどです。

シートが非表示にされていることで，重要な情報を見逃してしまう，Excelでの計算過程がわからなくなるといった問題をなくすためにも，シートはすべて表示しましょう。

（3）シート数はできるだけ少なく，未使用のシートは削除する

シート数が多いExcelの資料では，目的のシートがどこにあるのかを探すのに苦労します。そして，目的のシートを探し出すためには，シートの見出しが並んだ左側の「◀」や「▶」を押し続ける必要があり，探すのに時間がかかります。

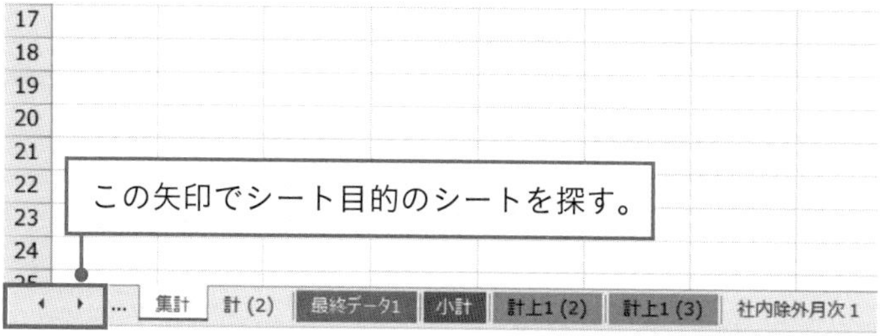

もしシートが複数あり目的のシートを探すのが大変なときは，次のダイアログボックスからシート選択する方法があります。

▶「シートの選択」ダイアログボックスからシートを選ぶ方法

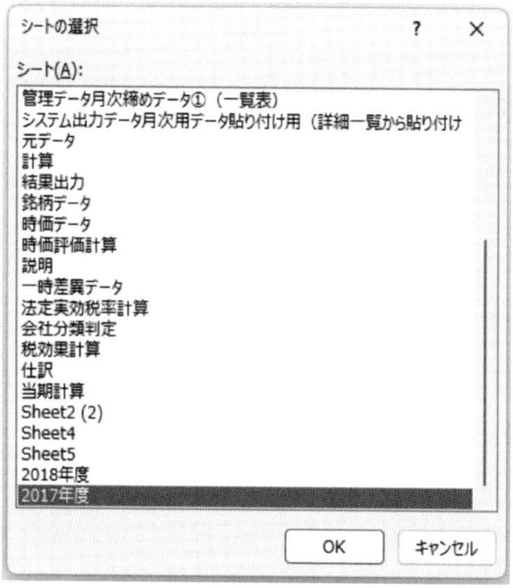

シート見出しの左側にある「◀」「▶」の真ん中あたりで右クリックをするとこのようなシートの選択ダイアログボックスが表示されます。ボックスで一覧表示されたシートの中から目的のシートを選択することができます。しかし，シート数自体が多いとどうしても目的のシートを探すのに時間を要してしまいます。少しでも無駄な作業時間を減らし，すぐに目的のシートにたどり着けるようにするためには，やはり**シート数をできるだけ少なくしなければなりません**。

たとえば，経理で作成するExcel資料の中には，次のような空欄のシートや使うことがない過去のシートが残されたままになっている場合があります。

▶空欄のシートや使われていない過去のシートが複数ある場合

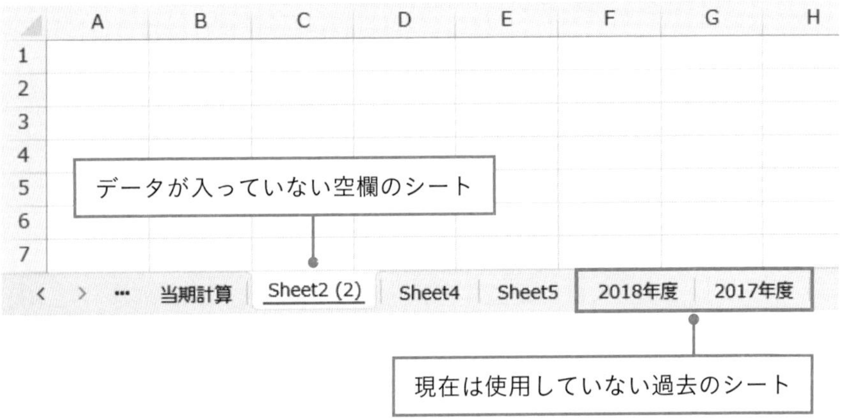

このような無駄なシートを削除するだけでもシート数が減り，目的のシートが探しやすくなります。ちょっとしたことですが，こうした工夫の積み重ねがExcelを使いやすくしてくれます。

（4）シート名は短くかつ意味のある名前にする

Excel資料の中には，異常に長いシート名やどのような内容のシートなのか判断ができないものがあります。

▶シート名が長い，内容がわからないシートの事例

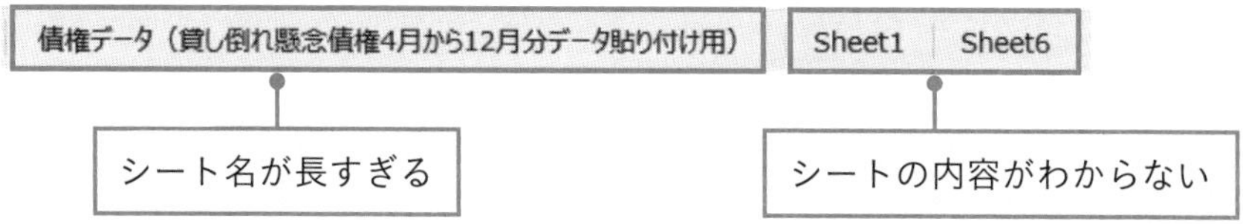

このような状況では，Excelファイルの全体構成が掴みづらくなり，またシートを見ただけではその内容がわからず，目的のシートを探すのに苦労してしまいます。こうした問題を解決するには，**シート名は短くかつ意味のある名前**にしなければなりません。

たとえば，Excel資料が貸倒引当金の計算を目的とするものであれば，シート名は左から順に，「元データ」「計算」「結果出力」といった名称を付けるのがよいでしょう。Excelのファイル名が貸倒引当金計算という名称であれば，そのExcelは貸倒引当金の計算を目的としていることがわかります。そして，シートは次のように貸倒引当金の計算に関する作業内容を示しているものだということがわかります。

■ 作業内容がわかるシート名 ■

・「**元データ**」は，貸倒引当金の計算に必要なデータのシート
・「**計算**」は，貸倒引当金を計算するためのシート
・「**結果出力**」は，貸倒引当金の計算結果を表示するシート

このように，パッと見てそのシートの内容を理解することができる名前を付ければ，わざわざ長い名称でシートを説明するよりもわかりやすく，シート全体も整理されて見やすくなります。

(5) むやみにシートに色を付けない

Excelのシートは，色を付けてほかのシートと区別することができます。たとえば重要な計算を行うシートには赤色を付けて目立つようにしたり，使っていないシートはグレーにしたりとシートの色を使い分けている場合があります。ただし，このシートの色付けをしすぎると，シートが何を示しているのかよくわからない状態となります。

この場合，「この色は何を示している？」といったように判断に迷ってしまいます。

こうした問題を解決するには，使う色を限定し意味を持たせるのがよいのですが「そもそもシートに色付けする必要があるのか？」そんな疑問も生まれます。

また，シートに色を付ける操作やどんな色を付けようか考えるときに，作業や判断の時間が発生しています。その時間をなくし，少しでも経理業務を時短したいのなら，シートに色付けすること自体を止めるのがよいでしょう。

前述したとおり，左のシートから順に計算作業を行うようにシートを配置することで，どこにどのようなシートがあるのかがわかるようになります。また，シート名を短くかつ意味のある名前にする工夫するだけでもそのシートの内容が理解できるので，特に**シートには色を付けないことが一番効率がよい**と言えます。

(6) 経理業務を効率化するExcelシート管理事例

ここでは応用編として5つの解決方法を使った「**経理業務で使えるExcelシート管理事例**」をご紹介します。

経理業務の中でもExcelで決算数値を算出するといった作業を行う場合，流れがおおよそ決まっていることから，シート管理を作業に合わせて定型化することができます。たとえば，決算作業のExcelシートを４つに分類して管理すると，作業の流れがわかりやすくなります。

■ 決算作業でオススメする４つの分類定型シート ■

①「説明」シート
②「データ」シート
③「計算」シート
④「出力」シート

では，それぞれ４つのシート内容について確認していきます。

①　「説明」シートで目的を明確にする

「説明」シートでは，**Excelでどのような作業を行うのかを説明**します。

経理では決算作業のために多くのExcelファイルを作成しますが，中には何を計算しているのか目的がよくわからないファイルも多く存在します。作業の目的を明確にするためにも，そのExcelファイルでどのような作業を行うのかを「説明」シートに記載します。

加えて，Excelファイルで行う作業概要や手順も記載します。作業手順を記載しておけば，ほかの経理チームメンバーへの業務引継ぎもスムーズに進めることができます。

▶「説明」シート記載例

	A	B	C
1			
2		**説明シート**	
3		目的	有価証券報告書　単体税効果会計関係注記作成
4			（繰延税金資産及び繰延税金負債の発生の主な原因別の内訳）
5		作業概要	税金システムから一時差異データを出力し、開示科目に組替え後、
6			開示システムへデータを取り込む。
7		作業手順	↓以下にExcelファイルでの作業手順を記載する。
8			
9		1	税金計算システムメニュー「一時差異集計」よりCSVファイル出力
10			
11		2	●「データ」シート作業
12			CSVファイルデータをシート「データ」へ貼り付ける。
13			
14		3	●「計算」シート作業
15			B-E列の一時差異データを金額降順で並べ替えする。
16			並べ替えした一時差異を、G-H列にて開示科目へ組み替える。
17			※一時差異構成比がXX%を超える場合、区分掲記の検討を行う。
18			
19		4	●「出力」シート作業
20			開示用データの金額が正しく集計されていることを確認する。
21			開示システムへデータを取り込む。
22			

⚠有価証券報告書の注記（繰延税金資産及び繰延税金負債の発生の主な原因別の内訳）をExcelで作成する場合を想定した事例としています。

②「データ」シートに加工する元データを貼付する

経理業務では，会計システムなどから出力したデータを加工し，決算に必要な数値の計算を行うことがあります。そこで，**システムから出力したデータを加工用インプットデータとして，「データ」シートに貼付**します。これにより，どれが決算数値の計算根拠となる元データなのかを明確にすることができます。

▶「データ」シート例（会計システム等から出力したデータを貼り付け）

	A	B	C	D
1	コード	一時差異名	差異区分	金額
2	101	繰越欠損金	減算	0
3	102	貸倒引当金(個別)	減算	59449445
4	103	貸倒引当金(総括)	減算	0
5	104	返品調整引当金繰入限度超過額	減算	0
6	105	賞与引当金	減算	214923918
7	106	関係会社株式(評価損)	減算	1.091E+09
8	107	特別修繕引当金取崩超過額	加算	0
9	108	減損損失(土地)	減算	183777912
10	109	買換えの圧縮限度超過額	減算	0
11	110	買換えの特別勘定繰入超過額	減算	0
12	111	固定資産圧縮積立金認容額	加算	0
13	112	減損損失	減算	208862443
14	113	退職給付引当金	減算	296021045
15	114	一括償却資産損金算入限度超過額	減算	0
16	115	資産除去債務	減算	101449996
17	116	固定資産(資産除去費用)	加算	48733085
18	117	減価償却超過額	減算	17167951
19	118	賞与に係る未払社会保険料	減算	30707756
20	119	債務保証損失引当金	減算	43826859
21	120	棚卸評価損否認額	減算	0
22	121	投資有価証券(評価損)	減算	130338708
23	122	未払事業所税	減算	72160108

③「計算」シートで数値の加工集計を行う

「計算」シートでは，**会計システムなどから出力したデータを加工し，決算仕訳起票に必要なデータを計算したり，決算開示に必要な数値を集計したりする作業**を行います。このシートは，実際に手を動かして決算数値を加工集計する作業シートという位置づけとし，他と区別します。

▶「計算」シート例（データを加工集計するシート）

2024年３月期
XXXX食品株式会社_単体
繰延税金資産・負債の内訳開示科目組替 (単位：円)

開示科目マスタから該当する科目を選択します。

1.元データ集計

コード	項目名	金額	構成比(%)
106	関係会社株式(評価損)	1,091,171,170	41.34
113	退職給付引当金	296,021,045	11.21
105	賞与引当金	214,923,918	8.14
112	減損損失	208,862,443	7.91
108	減損損失(土地)	183,777,912	6.96
121	投資有価証券(評価損)	130,338,708	4.94
115	資産除去債務	101,449,996	3.84
122	未払事業税等	72,160,108	2.73
102	貸倒引当金(個別)	59,449,445	2.25
119	債務保証損失引当金	43,826,859	1.66
125	関係会社株式(寄附金)	34,250,624	1.3
118	賞与に係る未払社会保険料	30,707,756	1.16
126	ゴルフ会員権(評価損)	17,550,881	0.66

2.開示科目組替作業

組替コード	組替科目
K10101	関係会社株式評価損
K10102	退職給付引当金
K10108	賞与引当金
K10103	減損損失
K10103	減損損失
K10105	投資有価証券評価損
K10107	資産除去債務
K10112	未払事業税
K10104	貸倒引当金
K10190	その他
K10190	その他
K10190	その他
K10111	ゴルフ会員権評価損

④ 「出力」シートに計算結果を表示する

「出力」シートは，**「計算」シートで加工集計した結果を表示するシート**です。たとえば，会計システムへ入力するための決算仕訳を表示する，また開示システムへ連携するデータをまとめて表示するといったシートとなります。そして，Excelで作業を行う目的をこのシートで達成させます。

このように，作業に合わせてシートを定型化して管理することで，個々のシートの意味や作業の流れがわかりやすくなります。

経理業務は，日次・月次・四半期・年次決算それぞれの作業が定型化されていることが多いため，それに合わせて**Excelシートも定型化する**と仕事がしやすくなります。

▶出力シート例（計算シートで集計した結果をまとめる）

開示システム連携用　出力データ　　単位：円

開示科目ID	開示科目名	当期金額
K10100	繰延税金資産	
K10101	関係会社株式評価損	1,091,171,170
K10102	退職給付引当金	296,021,045
K10103	減損損失	392,640,355
K10104	貸倒引当金	59,449,445
K10105	投資有価証券評価損	130,338,708
K10106	役員退職慰労引当金	0
K10107	資産除去債務	101,449,996
K10108	賞与引当金	214,923,918
K10109	繰越欠損金	0
K10110	会社分割による子会社株式	0
K10111	ゴルフ会員権評価損	17,550,881
K10112	未払事業税	72,160,108
K10113	減価償却超過額	17,167,951
K10190	その他	123,007,787
K101Z0	繰延税金資産小計	2,515,881,364

⑤　補足（経理業務では４つの分類定型に合わせやすい）

実際の経理業務では，複数のシステムからデータを出力し，それを組み合わせて加工集計を複数回行う場合があります。このとき加工集計の回数に応じてシート数を増やすことになりますが，上記で説明した「４つの分類」に当てはめるとシート構成がわかりやすくなります。

▶シート数が増えても，４つの分類定型に当てはめる

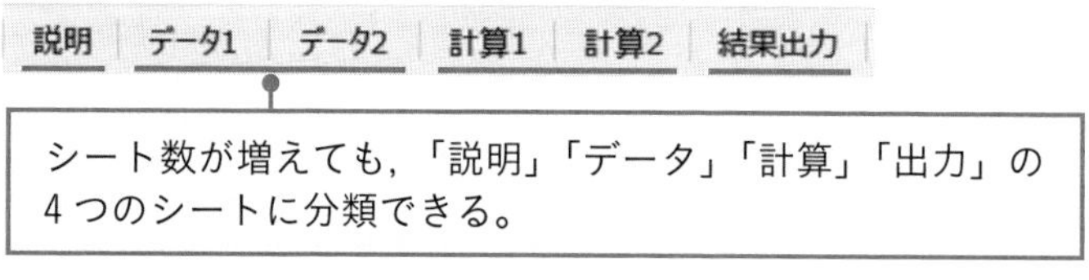

Column

デザインセンスのない経理パーソンは仕事ができない!?

経理では，チームメンバー以外にも，他部門や子会社経理担当者などが作成したExcelファイルを受け取ることがあります。これらは，各部門や子会社の決算報告書としてチェックしたり決算作業に必要な元データとして使ったりしますが，このとき「他人が作成したExcelは使うのが大変…」と思うことが幾度もありました（派手な色使い，行列の幅がバラバラ，ポップなフォントの使用，数値が分散表示され整理されていないなど，修正・加工しないと正しい数値の集計も行えない…)。

「こんなヒドいExcelが出来上がる原因はそもそも何なのか？」といった疑問が湧きました。そして，同じように困っている経理チームのメンバーと話し合った結果，「見づらいExcelができるのは，作成者にデザインセンスがないからなのでは？」という意見で一致しました。

ここでのデザインセンスとは，レイアウトや色彩，フォントなどの視覚的要素をうまく組み合わせ，情報をわかりやすく伝えることを言います。経理でExcelを利用する場合，視覚的にわかりやすいデザインを使えば決算情報を伝えやすくなります。さらに，適切なフォントやフォーマットを使用することで，経理で必要な情報をより明確にすることができます。

では「デザインセンスがない経理パーソンは，どうやってExcelを使えばよいのか？」という疑問が湧くことでしょう。そう思う方はぜひ本書を参考にしてください。本書では経理の実務で最低限必要なExcelの見やすさ，わかりやすさ，そして使いやすさのテクニックを解説しています。本書の内容を真似すれば最低限のデザイン性を備えたExcelを作成でき，Excelをうまく使える経理パーソンとして一目置かれるようになるはずです。

第5章

経理チームでルール化すべき！

Excelを管理するスキル

同じようなExcelファイルが複数保存されているけど，どれが最新なの？

フォルダがいっぱいあって，見たいファイルがどこに保存されているかわからない…

Excelファイル名が意味不明で内容がわからない…

1　経理のExcel資料はチーム内で頻繁に使われる

経理では，主に担当者それぞれが作成したExcelファイルを自社のファイルサーバーやクラウドストレージに保存して，チームメンバーで共有して仕事を進めます。本書第4章でも解説したとおり，経理担当者が作成するExcelファイルは，ほかのチームメンバーが決算数値を確認するために閲覧したり，資料にまとめられたデータの一部を使って決算作業を行ったりすることから，いつでも確認ができるようチーム内で共有されています。

▶各経理担当者が作成したExcelファイルはチーム内で共有されている

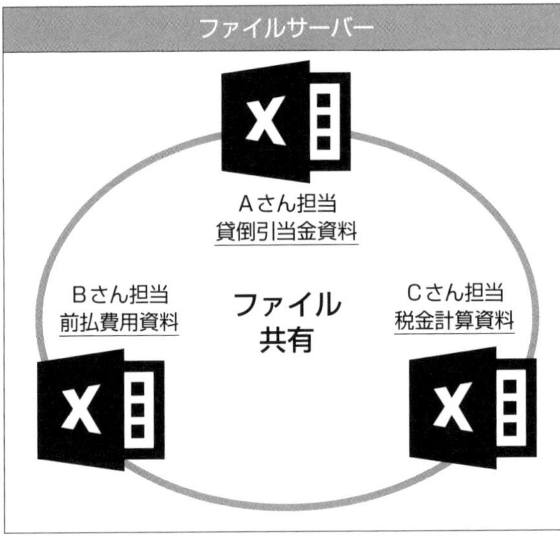

⚠決算作業では，勘定科目ごとに資料を作成する担当者が割り当てられる場合があります。その担当者は割り当てられた勘定科目に関する決算資料をExcelで作成し，その資料をチーム内で共有します。

2　経理のExcel３つの管理ルール

経理チームでExcelファイルを共有する場合，さまざまな問題が発生する確率が高いといえます。私自身も毎回Excelファイル管理の問題にぶつかってきましたが，特にどの会社の経理でも共通して発生していた事象が次の３つです。

事象①　共通管理するExcelが見づらい，使いづらい

たとえば社内で共通のルールを設けていない場合，ほかのメンバーが付けたファイル名では内容が把握できなかったり，色付けの意味の解読をしないといけなかったりと，本題に取りかかるまでに時間を要してしまいます。

事象②　閲覧したいExcelファイルが見つからない

ファイルがどこに保存されているかわからない場合，一つずつファイルを確認して精査する必要があり，ファイルを探すためだけに時間を費やします。社内管理がずさんであるほど，無駄に仕事が増えてしまいます。

事象③　最新版，確定版のExcelファイルがどれなのかわからない

内容が同じファイルであっても，古いデータと最新データが混在していた場合，よくわからず古いデータのファイルを使って作業をしてしまう可能性もあります。その結果，数値の集計を間違ってしまうといったことも起こり得ます。

これらの問題は，Excelの運用ルールがなく，経理チームメンバーがそれぞれ好き勝手にExcelで資料を作成していることから起きるものですが，放置していたらチーム全体の業務効率がどんどん悪化していきます。

そこで，問題解決には次のような「３つの管理ルール」を作成するとよいでしょう。

Excel ファイルの共有問題を解決する３つの管理ルール

・Excel 操作ルール
・Excel ファイルの保存ルール
・Excel ファイル名の付与ルール

まずExcel操作ルールでは，第２章から第４章で解説した**【Excelを見やすくするスキル】**，**【ミスを防ぐスキル】**，そして**【使いやすくするスキル】**の中でも，操作するときの「これだけは守ってほしいこと」をまとめて，チーム内で共有します。

次に**【Excelファイルの保存ルール】**では，Excelファイルを保存する自社のファイルサーバーやクラウドストレージのフォルダ構成を誰が見てもわかるように設定・運用していきます。

最後に**【Excelファイル名の付与ルール】**ですが，誰もがファイル名を見ただけで内容や状況（最新版，確定版かどうか）がわかるようにルールを設定します。

これらは一見，ルールに縛られてExcelを使うことが不便になると感じるかもしれませんが，むしろルールに従ってExcelを利用する方が経理業務の属人化が排除され，業務効率も上がります。

ここからは，Excelを管理するための３つのルールについて解説していきます。

3　管理手法　操作方法をルール化する

Excel操作にルールを設定する場合，「自由にExcelを使うことができない…」，「Excelの機能を十分に活かせない…」，「そもそも操作方法をすべてルール化できるのか？」といった疑問を抱くこともあるでしょう。

ここでは操作をすべてルール化するのではなく，経理チームでExcelを利用するとき，**最低限，歩調を合わせておきたい操作のみをピックアップしてルール化する**ことを想定しています（ルールが多すぎても忘れてしまい，結果的に管理が雑になる可能性もあるため）。

たとえば，使用するフォントの種類を統一するといったことや行や列を非表示にしないといったことを，あらかじめルール化します（具体的には，第２章から第４章までで解説した内容をルール化してチームで共有します）。これにより，経理チームで作成するExcel資料が見やすくなり統一感も図られ，さらに使いやすくなるというメリットを享受することができます。

次頁にルール例を記したので参考にしてください。

このルール例では，**Excelの作業前に確認するルール**，**作業中にやってはいけないルール**，**作業後に行うルール**の３つに区分しています。このようなルールをチーム内に浸透させるためには，最低限守りたい内容を厳選したルールを設定するのがよいでしょう。

■ Excel 操作ルール例 ■

1．Excel の作業前に確認するルール

- 使用するフォントは「メイリオ」とする。
- 表示形式「数値」，カンマ「,」桁区切り，
  マイナスは「▲」表示とする。
- 数値を手入力するセルには「水色」の色を付ける。
- 英数字は半角，それ以外は全角とする。
- 環境依存の記号（例えば，㈱）は使用しない。
- 数値は右揃え，文字は左揃え，表の見出しは中央揃えとする。

2．Excel の作業中にやってはいけないルール

- 計算式が入っているセルを修正しない。
- セルの結合を多用しない。
- 外部ファイルへのリンクは避ける。
- 使う関数は極力短くシンプルにする。

3．Excel の作業後に行うルール

- 行，列を非表示のままにしておかない。
- 金額単位は必ず表示する。
- 印刷範囲を設定する。
- 資料の題名とファイル名を同一にする。

4　管理手法 ファイルの保存方法をルール化する

日次業務や月次決算，四半期・年次決算といった業務では，数多くのExcelファイルが作成されます。特に決算業務では，決算期ごとに単体決算，連結決算や開示業務に必要な複数のファイルが作成され，これらのファイルを「どのように管理するか」が課題となります。

決算期ごとに作成されるExcelファイルは，一般的にファイルサーバーやクラウドストレージなどに保存されますが，そのファイルの保存方法によっては目的のファイルがどこにあるのか探すのに非常に苦労します。

また，Excelファイルの保存方法を個人に任せてしまうと，本来チームで共有すべきファイルなのに，個人PCのデスクトップに保存されたままで，ほかのチームメンバーが見ることができないなどの問題が起きます。

こうした問題は，結果としてチーム全体の業務効率を悪化させてしまうので，早急に改善する必要があります。

(1) 業務効率を悪化させるExcelファイル保存例

では，どのようなExcelファイルの保存が業務効率を悪化させるでしょうか。たとえば，経理チームメンバーごとに「担当者フォルダ」を作っているような場合があります。

■担当者ごとにフォルダを設定しているNG例■

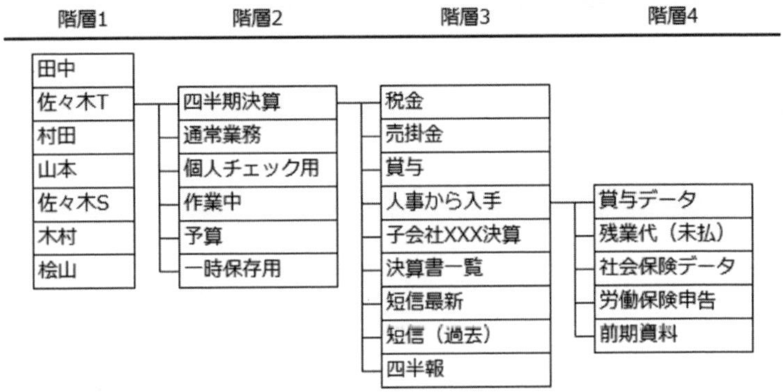

このフォルダ設定では，フォルダ階層1に経理チームの担当者フォルダが作成されます。チームメンバーはその担当者フォルダの中で自由にフォルダを作成し，Excelファイルを保存します。

その結果，次のようなフォルダ体系が出来上がります。

- 担当者本人しかわからない名称のフォルダが作成される。
- フォルダ数が増殖していく。
- ファイルが保存されていない無駄な空のフォルダが作成される。

これでは，どこに目的のExcelファイルが保存されているのかがわからず，ファイルを探すだけでかなりの時間を費やしてしまうことになります。

（2）業務効率を上げるExcelファイル保存例

では，どうすれば業務効率が上がるでしょうか。経理チームで仕事をする場合，チームメンバーとExcelファイルを共有しながら業務を行います。このとき，**事前に業務の実態に合わせてフォルダを設定**しておけば，チームメンバーがどこにファイルを保存すればよいか迷うことがなくなります。

また，容易に目的のファイルを見つけることができます。

具体的なイメージは以下のとおりです。

業務の実態に合わせたフォルダ設定の例

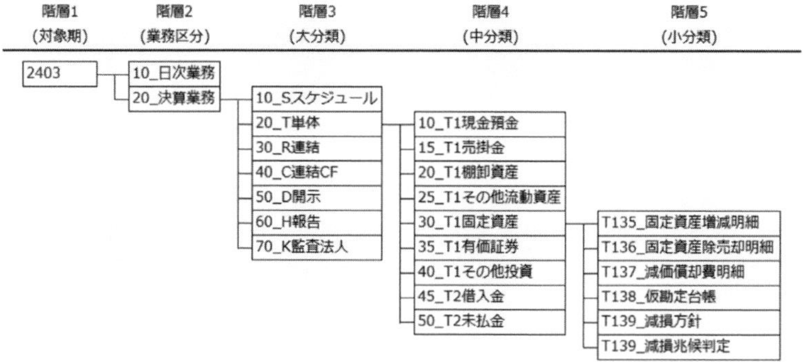

- **階層１**は、業務を行う対象期とします（この例では 2024 年３月期を 2403 と略してフォルダ名を付けています）。
- **階層２**は、日次業務と決算業務を区分して管理します（経理業務の状況に応じて、月次業務といったフォルダを設定する場合もあります）。
- **階層３**以降は、業務を大分類、中分類、小分類に分けて管理します。ここでは、**階層３**をスケジュール、単体決算や連結決算といった大きな括りで決算業務を分類してフォルダを設定します。
- **階層４**は、**階層３**の業務を勘定科目ごと、また作成する開示書類の項目ごとに分類してフォルダを設定します。
- **階層５**は、勘定科目ごとに具体的な作業内容をフォルダとして設定します。そしてこの階層フォルダに決算業務で作成した Excel ファイルを保存します。

階層５のフォルダには，対象期（2024年３月期）の四半期決算ごとに作成されたExcelファイルを保存しています。具体的には以下のとおりです。

▶階層５のExcelファイル保存例（T135_固定資産増減明細フォルダ）

◎2306_T135_固定資産増減明細表_山木_1.0.xlsx
◎2309_T135_固定資産増減明細表_山木_2.0.xlsx
◎2312_T135_固定資産増減明細_佐藤_1.0.xlsx
◎2403_T135_固定資産増減明細_佐藤_3.0.xlsx

このようなフォルダを設定するには，まず**現在の経理業務で発生する作業内容をすべて洗い出して一覧化する**必要があります。そして，一覧化した内容に合わせてフォルダの設定をしていきます。

なお，フォルダを設定する際には，フォルダの並び替えがしやすいようフォルダ名の頭に番号を付与するとともに，決算作業の内容がコードでも判別できるように付与して業務を一覧化すると，フォルダ体系の管理がしやすくなります。

たとえば，作業内容は次のようにコード化します。

階層３の作業コード例

- Ｓ＝日程（スケジュール確認）
- Ｔ＝単体（単体決算作業）
- Ｒ＝連結（連結決算作業）
- Ｃ＝連結 CF（連結キャッシュ・フロー計算書作成）
- Ｄ＝開示（決算短信，有価証券報告書，招集通知等作成）
- Ｈ＝報告（社内報告資料作成）
- Ｋ＝監査法人（監査法人対応）

▶階層４の作業コード例

・T1 ＝単体決算　資産科目の決算作業
・T2 ＝単体決算　負債科目の決算作業
・T3 ＝単体決算　純資産科目の決算作業
・T4 ＝単体決算　売上・原価科目の決算作業
・T5 ＝単体決算　販管費科目の決算作業
・T6 ＝単体決算　営業外収益・費用科目の決算作業
・T7 ＝単体決算　特別損益科目の決算作業
・T8 ＝単体決算　税金・税効果科目の決算作業
・T9 ＝単体決算　決算書類作成作業

※第３階層の「R ＝連結」以降も同様にコードを付与します。

▶階層５の作業コード例

・T100 ＝現金預金残高チェック
・T105 ＝売掛金発生・回収状況チェック
・T106 ＝貸倒引当金計算
・T107 ＝破産更生債権一覧
・T110 ＝棚卸資産内部利益消去計算
・T111 ＝棚卸資産簿価切下げ額集計
・T115 ＝貸付金増減明細
・T120 ＝仮払金内訳チェック表

※この例では「T1 ＝単体決算の資産科目の決算作業」のうち，具体的に行う作業名にコードを付与しています。

なお，階層５で作業コードを付与する際は，のちに新しい作業が追加される場合も考慮して，意図的に番号を空けておきます。

経理業務で発生する作業内容をすべて洗い出し，それにコードを付与した結果の一覧表は次のようになります。

▶決算作業一覧表の例

階層3 No	階層3	階層4 No	階層4	階層5 No	階層5
10	S日程	10	S1決算スケジュール	S100	決算スケジュール表
				S105	四半期決算スケジュール表
				S110	年次決算スケジュール表
20	T単体	10	T1現金預金	T100	現金預金残高チェック
		15	T1売掛金	T105	売掛金発生・回収状況チェック
				T106	貸倒引当金計算
				T107	破産更生債権一覧
		20	T1棚卸資産	T110	棚卸資産内部利益消去計算
				T111	棚卸資産簿価切下げ額集計
		25	T1その他流動資産	T115	貸付金増減明細
				T120	仮払金内訳チェック表
				T125	前払費用残高管理
		30	T1固定資産	T135	固定資産増減明細
				T136	固定資産除売却明細
				T137	減価償却費明細
				T138	仮勘定台帳
				T139	減損方針
				T140	減損兆候判定
				T141	減損認識・測定
				T142	リース資産・債務増減明細
		35	T1有価証券	T150	投資有価証券銘柄別増減_上場
				T151	投資有価証券銘柄別増減_非上場
				T152	関係会社株式増減明細
		40	T1その他投資	T155	ゴルフ会員権増減明細
				T156	不動産賃貸費用組替
				T157	出資金増減明細
				T158	差入保証金増減明細
		45	T2借入金	T200	借入金返済予定一覧
				T201	長短借入金増減明細
		50	T2未払金	T205	固定資産未払金残高管理

				T206	長期未払金残高チェック
		55	T２未払費用	T210	未払給与・残業代計算
				T211	賞与に係る社会保険料計算
				T212	未払利息計算
		60	T２その他流動負債	T215	賞与引当金計算
				T220	預り金科目組替
				T225	仮受金科目組替
				T230	社債増減明細
		65	T２退職給付引当金	T235	PBO計算
				T236	退職給付引当金計算
		70	T２その他固定負債	T240	債務保証損失引当金計算
				T245	事業損失引当金計算
				T250	資産除去債務明細
		75	T３純資産	T300	資本金・資本剰余金変動明細
				T305	自己株式取得・処分明細
		80	T４売上・原価	T400	収益認識基準組替
				T401	事業部別売上高明細
				T402	品目別売上高明細
				T403	工場別製造原価報告書
				T404	品目別粗利集計表
		85	T５販管費	T500	役員報酬明細
				T505	寄付金明細
				T510	雑費明細
		90	T６営業外	T600	雑収入明細
				T610	その他営業外収益明細
				T650	雑損失明細
				T660	その他営業外費用明細
		95	T７特別損益	T700	その他特別利益明細
				T750	その他特別損失明細
		98	T８税金・税効果	T800	課税所得計算
				T801	外形標準課税基礎データ集計
				T802	納税状況チェック表
				T803	別表６集計
				T804	別表８集計
				T805	別表16集計
				T806	法人税等申告書
				T810	消費税申告データ集計
				T811	消費税申告書

				T820	繰延税金資産回収可能性判定
				T822	税効果計算
		99	T 9 決算書類	T900	月次決算書
				T901	四半期決算書
				T902	勘定科目内訳明細
				T903	単体増減分析
30	R 連結	10	R 1 棚卸資産	R100	棚卸資産未実現利益消去
				R101	未着商品科目組替
				R102	棚卸資産簿価切下げ額集計
		15	R 1 貸倒引当金	R106	貸倒引当金調整
		20	R 1 固定資産	R110	固定資産未実現利益消去
				R111	連結土地明細集計
				R112	連結減損方針
				R113	連結減損兆候判定
				R114	連結減損認識・測定
				R115	のれん償却計算
				R116	固定資産増減明細
		25	R 1 有価証券	R120	連結投資有価証券銘柄別増減明細
				R121	連結関係会社株式明細
		30	R 1 貸付金	R125	連結貸付金残高チェック表
		35	R 2 借入金	R200	連結借入金残高チェック表
		40	R 2 資産除去債務	R205	連結資産除去債務明細
		45	R 2 退職給付に係る負債	R210	退職給付に係る負債調整計算
		50	R 3 純資産	R300	為替換算調整勘定残高チェック
				R305	非支配株主持分残高チェック
		55	R 4 売上・原価	R405	連結収益認識基準組替
				R410	連結原価・販管費科目組替
				R420	連結品目別粗利集計表
		60	R 5 販管費	R500	連結雑費明細
		65	R 6 営業外	R600	持分法投資損益明細
				R605	連結雑収入明細
				R610	連結雑損失明細
		70	R 7 特別損益	R700	その他特別利益明細
				R710	その他特別損失明細
		98	R 8 税効果会計	R800	グループ会社繰延税金資産 回収可能性チェック
				R801	留保利益税効果計算
		99	R 9 連結精算表	R900	連結範囲判定

				R901	債権債務消去データ
				R902	損益取引消去データ
				R910	連結RP
				R915	単純合算集計データ
				R920	連結仕訳帳データ
				R990	連結精算表
				R995	連結増減分析
40	C連結CF	10	C１連結CFデータ	C100	現金及び現金同等物CF増減
				C101	定期預金CF増減
				C102	固定資産CF増減
				C103	投資有価証券CF増減
				C104	関係会社株式CF増減
				C105	出資金CF増減
				C106	差入保証金CF増減
				C107	長期前払費用CF増減
				C108	破産更生債権等CF増減
				C109	長期未収入金CF増減
				C110	資産除去債務CF増減
				C111	リース債務CF増減
				C112	社債CF増減
				C113	借入金CF増減
				C114	資本金等CF増減
				C115	自己株式CF増減
				C116	非支配株主持分CF増減
				C117	受取利息・支払利息CF増減
				C118	受取配当金CF増減
				C119	配当金支払額CF増減
				C120	補助金収入CF増減
				C121	その他特別損益CF増減
				C122	法人税等支払額CF増減
		99	C２連結CF精算表	C200	連結CF精算表
50	D開示	10	D１企業の概況	D100	経営指標チェック表
				D101	関係会社出資一覧
				D102	従業員の状況集計
		15	D２事業の状況	D200	セグメント別生産・受注・販売集計
				D201	研究開発費集計
		20	D３設備の状況	D300	設備投資計画データ
				D301	セグメント別固定資産集計

25	D 4 提出会社の状況	D400	株式状況開示データ
		D401	所有者別集計データ
		D402	大株主データ
		D403	自己株式開示データ
		D404	役員略歴データ
		D405	会計監査データ
		D406	役員報酬集計データ
30	D 5 財務諸表	D500	勘定科目組替表
35	D 5 BS関係	D501	担保資産・担保付債務集計
		D502	保証債務集計
40	D 5 PL関係	D505	棚卸資産簿価切下げ額集計
		D506	固定資産除売却損益内訳表
45	D 5 包括利益	D510	包括利益組替計算表
50	D 5 リース	D515	リース注記データ集計表
55	D 5 金融商品	D520	金融商品時価算定表
		D521	金銭債権償還予定表
		D522	有利子負債返済予定表
60	D 5 有価証券	D525	有価証券注記データ集計
65	D 5 デリバティブ	D530	デリバティブ注記データ
70	D 5 税効果会計	D535	連結繰延税金資産・負債内訳集計
		D536	税率差異分析
75	D 5 収益認識	D540	セグメント収益分解表
		D541	契約資産負債残高内訳表
80	D 5 セグメント情報	D545	セグメント損益集計表
		D546	セグメント製品別集計表
		D547	セグメント地域別集計表
		D548	セグメント顧客別集計表
85	D 5 関連当事者	D550	関連当事者情報データ
90	D 5 後発事象	D555	後発事象検討資料
95	D 5 連結附属明細表	D560	社債明細表
		D561	借入金明細表
		D562	資産除去債務明細表
99	D 6 開示書類	D600	決算短信
		D601	四半期報告書
		D602	有価証券報告書
		D603	計算書類
		D604	計算書類付属明細書
		D605	事業報告

				D606	事業報告付属明細書
60	H報告	10	H１月次決算	H100	月次取締役会資料
		15	H２四半期・年次決算	H200	決算取締役会資料
				H201	業界他社実績報告
				H202	決算速報報告
				H203	業績予想算定
70	K監査	10	K１事前準備	K100	決算スケジュール表_監査法人
				K101	決算事前ミーティング資料
				K102	提出依頼資料一覧
		15	K２経営者確認書	K200	経営者確認書・会社法
				K201	経営者確認書・有報四半報
		20	K３監査報告書	K300	監査報告書・会社法
				K301	監査報告書・有報四半報

このようにフォルダの全体構成を体系化し，それに合わせた運用ルールを設定することで，目的のファイルがどこにあるのかを探すことに時間を費やしたり，ほかのチームメンバーが作成したExcelファイルを見ることができなかったりするといった問題を解消できます。

また，チームメンバーが自由にフォルダを作成・削除して，フォルダの体系が壊れることを防ぐために，フォルダ管理を行う担当者を決め，その担当者が定期的にフォルダ体系のメンテナンスを行うということまでルール化すると，さらにチーム全体の業務効率が上がります。

(３) ファイル管理をさらに効率化する方法

今回紹介したフォルダ体系のうち，階層５の中に次の２つのフォルダを設定するとさらに作業がしやすくなります。

- 「元資料」フォルダ
- 「旧ファイル」フォルダ

その理由は経理業務におけるExcelファイル作成の流れに起因します。

▶経理業務におけるExcelファイル作成の流れ

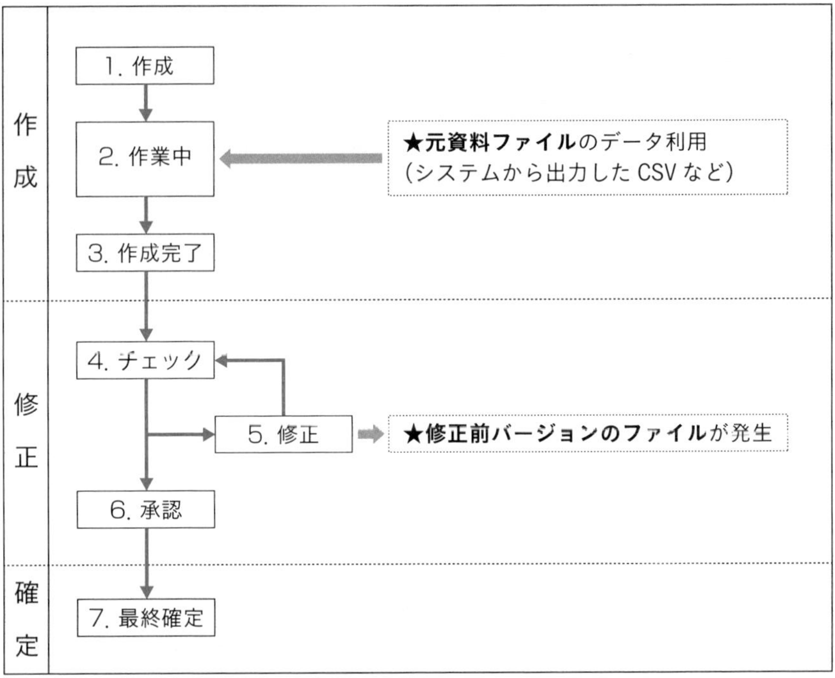

経理でExcel資料を作成する場合，基幹システムや会計システムから出力したCSVファイルや，他部署から提供してもらったデータを利用して資料を作成します。これらのファイルやデータは資料作成に必要な「元資料」となります。

この元資料は「どのような基礎データを使ってExcelの資料を作成しているのか」を経理チームメンバーにもわかるようにしておくために，「元資料」フォルダを設定し，そこに関連するデータを保存しておきます。

また，Excelで作成した資料は，上司のチェックや監査人の監査過程でミスが見つかることがあります。このとき，ミスを修正した新しいファイルを作成しますが，ここで修正前の古いバージョンのファイルも発生します。

この修正前のファイルは，修正前と後のファイルを見比べて正しく修正が行われているかを確認する場合もあるため，一時的に「旧ファイル」フォルダに保存しておきます。なお，作業終了後はこのフォルダに保存されているファイルは不要になるためすべて削除します。

このように，「元資料」「旧ファイル」といったフォルダを設定することで，階層５のフォルダは最新のExcelファイルだけが保存されることになり，整理整頓がされた状態となります。他の経理チームメンバーや上司も，どのファイルをチェックすればよいかがすぐにわかるようになります。

▶階層５のフォルダの内容例

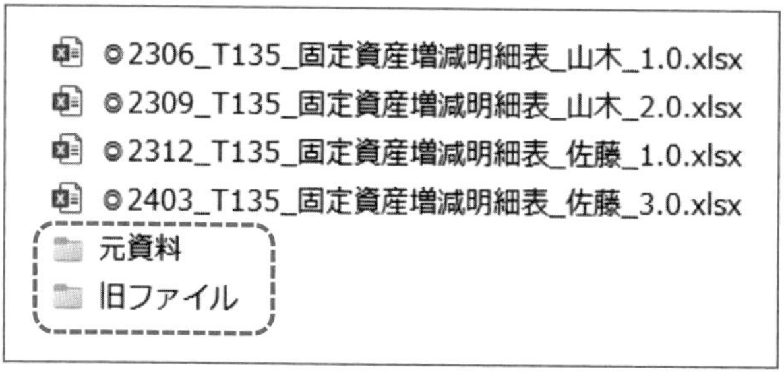

⚠元資料フォルダと旧ファイルフォルダを設定することで，階層５のフォルダがわかりやすくシンプルになる。

5 管理手法 ファイル名の付け方をルール化する

経理業務で作成するExcelファイルは，名前の付け方次第で業務に支障をきたしてしまう場合があります。特にチームで仕事をするとき，ファイル名の付け方を各メンバーに任せてしまうと，ファイル名を見ただけでは中身がわからないものや，似たような名称のファイルが複数保存されるといった問題が発生します。

また，最新版のファイルや作業が完了したファイルはどれなのかが判断できなくなってしまうこともあります。

■ 中身がわからない，似たようなファイル名の例 ■

・「固定資産データ仮 .xlsx」

・「固定資産資料 .xlsx」

■ どれが最終版なのか判断できないファイル名の例 ■

・「2023 年 3Q 税効果 最終の最終（確定）.xlsx」

・「2023 年 3Q 税効果 最新確定版 2.xlsx」

このようなファイル名を付けてしまった結果，「このファイルがどういった内容なのか」をいちいちファイルを開き，中身をチェックしなければならず，無駄に時間を費やしてしまいます。また，ファイルの状況がわからず，間違って修正前の古いファイルを使ったことで計算ミスが発生してしまう…といったことも起こり得ます。

(1) 業務効率を上げるExcelファイル名の付け方

このような問題を解決するには，内容や作成状況がわかるようにファイル名を付与する必要があります。その際考慮すべきことが，ファイルの作成の流れを把握することです。

▶ Excelファイル作成の流れ

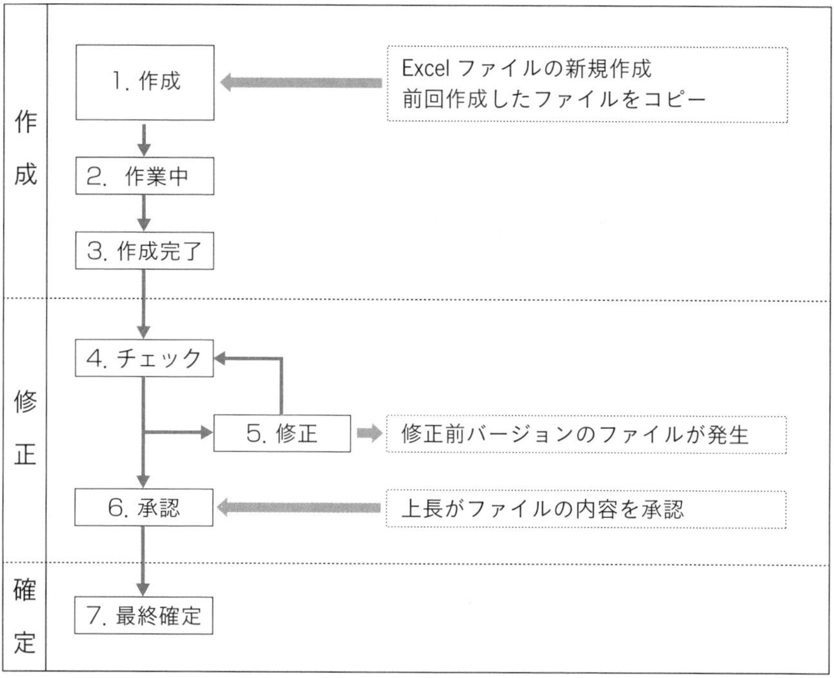

この図は，前述したExcelファイルの保存方法のルール化でも提示したものです。経理業務ではおおよそこのような流れでExcelファイルが作成されていきます。

この流れの中で，Excelファイルが今どのような状況にあるのかを判断できるようにファイル名の付け方を工夫すると，ファイル作成の進捗状況やチームメンバーの確認状況を明示でき，業務の効率も上がります。

このExcelファイルの作成の流れも加味し，ファイルの内容と状況がわかるようにした名前の付け方は，次のとおりです。

▶ファイル名 事例

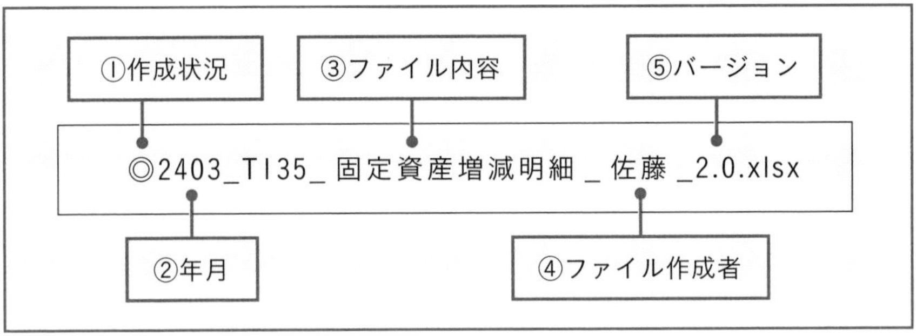

各企業の経理実務の状況によってファイル名の付け方は変わってきますが，ここでは複数人で構成される経理チームでExcelファイルを共有する場合を想定した名前の付け方を解説します。

①　作成状況

ファイル名の冒頭には，Excelファイルが「今のどのような状態なのか」を記号で表します。

▶Excelファイルの作成状況を表す記号

「▲」作成中
「○」作成完了
「◎」最終確定

Excelファイル作成は，「作成 → 修正 → 確定」という流れで作成されるので，その流れの中で，今Excelファイルはどの時点の状態なのかを記号で表します。

チームで業務を行う場合，ほかの経理メンバーが作成したExcelファイルを共有して作業を行う場合があります。その際，問題となるのが，作成中のファイルを使ってミスを発生させてしまうことです。

他のチームメンバーは作成が完了していたと思っていたが，実際はまだ作業中のファイルであったという場合，結果として未確定の数値データを使って作業することになり，これが原因で数値の集計ミスを犯してしまうといった問題が起こります。

このような問題を防ぐために，このファイルは現在作成中であることを記号「▲」で示しておきます。そして作成が完了したら「○」を付けます。

その後，作成されたExcelファイルが上司のチェック済みになれば記号「◎」を付けて，そのファイルが最終確定したことを明示します。

このように，ファイル名に作業進捗を示す記号を付与することで，そのExcelファイルが今どのような状態なのかをひと目で判断できるようになります。

決算作業の進捗は，別途決算タスク表などで管理していることも多いのですが，都度その表を確認せずともファイル名を見ただけですぐにファイル作成の進捗状況がわかるのがメリットでもあります。

②　年　月

対象となるExcelファイルが「いつの年月のものか」を示します。この例では西暦2024年３月を「2403」と表しています。

▶年月を示す方法

- 2024年 → 24
- ３月 → 03

ここで使う年は「西暦」がよいでしょう。それは**誰もが知っているということ**が一番の理由です。和暦だと元号変更により連続性が途切れてしまうというデメリットがあります。

また，ファイル名に「第XX期」という会社設立からの経過期を付けることもありますが，社内ならまだしも社外の関係者にはこれが浸透しておらず，いつの年なのかがわかりづらいという問題があります。

このような理由からも，誰でもわかる西暦の略称をファイル名に使うのがよいでしょう。

③ ファイル内容

ファイルの内容を示すには，次の形式に合わせて名称を付けます。

管理コード ＋ ファイルの具体的な内容

管理コードおよびファイル内容の名称は，上述した，階層５のフォルダ名と連動させます。これによりファイルの内容がすぐに判断できるようになります。また，ファイルを保存するフォルダとファイル名を連動させることで，ファイルの保存先を明確にすることができます。

④ ファイル作成者

Excelファイル名にはそのファイルを作成した担当者名を付けます（この例では，“佐藤”さんがファイルを作成しています）。

担当者名を付けることで，「誰がこのファイルを作成しているのか」がひと目でわかります。もしファイルの内容でわからないことがあった場合，監査人や税理士など社外の関係者でもすぐに作成した担当者へ質問することができます。

⑤ バージョン

Excelファイル作成の流れでは，ファイル作成完了後に「チェック → 修正」の作業が行われます。このチェックは，経理チームメンバーのほか，上司や監査人がそれぞれ対応し，間違いが見つかれば担当者がファイルの修正を行います。

ここで何度も修正を行うと修正前の古いファイルがどんどん増えていき，

修正後の最新ファイルがどれなのか判断できなくなります。また，最終的に確定したファイルがどれなのかを確認するのも難しくなります。

このような問題を解消するために，ファイルのバージョン管理を次のようにするとよいでしょう。

■ バージョン管理方法の例① ■

・ファイル内のデータで数値を修正した場合

「　1.0 → 2.0 → 3.0　」

▲数値の変更は重要な修正として，1.0 → 2.0 → 3.0とバージョンを上げる。

■ バージョン管理方法の例② ■

・ファイル内の数値以外（一部様式や文言など）を修正した場合

「　1.1 → 1.2 → 1.3　」

▲数値以外の様式や文言などの修正は，数値の変更と区別するため軽微な修正として，1.1，1.2，1.3とバージョンを上げる。

このように，Excelファイルが修正される度にファイル名のバージョンを上げていくことで，最新のファイルが明確になります。

なお，バージョン管理の際，「最新」「最終」「確定」「完了」などといった言葉を使ってバージョン管理している場合もありますが，これらの言葉だけでは「今一番新しい本当のファイルがどれなのか」，「作業が終了したファイルはどれなのか」判断ができません。作成者に都度ファイルの更新状況や確定状況を確認しなければならず，作成した本人ですらどれが最新版なのか，作業が終了したファイルがどれなのかわからなくなってしまう場合もあります。

ファイルのバージョン管理をするには，やはり数値を使って管理するのが一番わかりやすいといえます。

（2）ファイル名から作業状況を判断する

これまで，Excelファイル名の付け方を具体的に解説してきましたが，実際のフォルダに保存されているExcelファイルがどのような状態なのか，ファイル名から確認していきましょう。

▶ T135_固定資産増減明細のフォルダの内容

例：24年３月期決算　現在は第３四半期（23年12月）の決算作業中

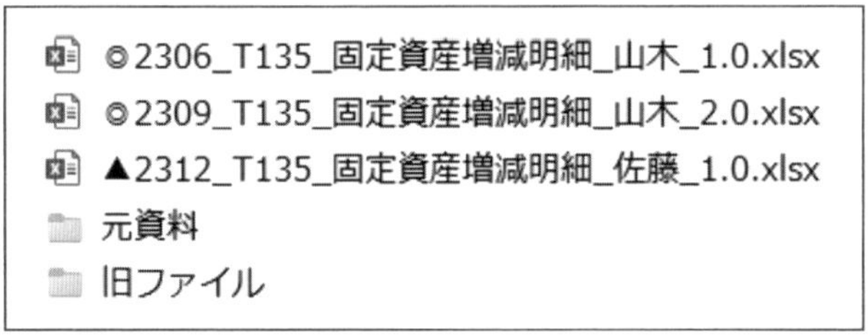

このフォルダを見たとき，最初に目に入るのが「▲2312」という文字でしょう。ファイル名の付与ルールに従うと，2023年12月の決算資料は作業中であると理解できます。

これを見たほかのチームメンバーは「まだ資料は完成していないから，この資料の数値データはまだ使えないな」ということがわかります。一方，ほかのファイル名には「◎」という記号が付与されていることから，すでに作業・チェックは終了し，確定ファイルであることもわかります。

また，ファイル名から内容，作成担当者，ファイルのバージョンも一目で把握できます。

ちなみに，2023年12月の決算では，ファイルの作成担当が「山木→佐藤」に変更されていることも確認でき，ファイルの内容について質問する担当先がすぐわかります。

（３）ファイル名とファイル内のタイトルを同一にする

経理担当者が作成するファイルの中には，ファイル名とファイル内のタイトルが一致していないものがあります。

▶ファイル名とファイル内のタイトルが不一致の場合

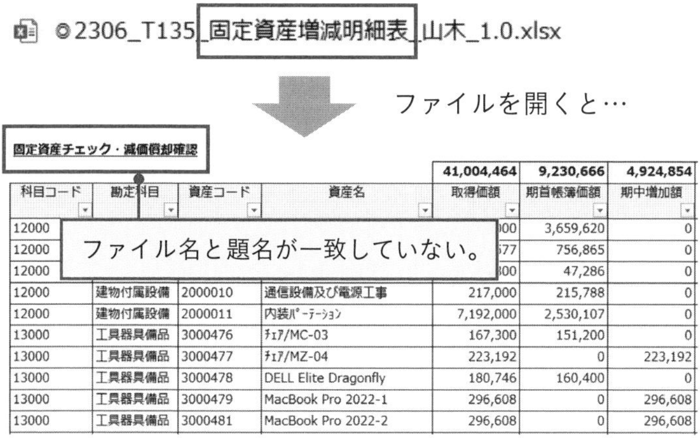

				41,004,464	9,230,666	4,924,854
科目コード	勘定科目	資産コード	資産名	取得価額	期首帳簿価額	期中増加額
12000	[illegible]	[illegible]	[illegible]	[illegible]	3,659,620	0
12000	[illegible]	[illegible]	[illegible]	[illegible]	756,865	0
12000	[illegible]	[illegible]	[illegible]	[illegible]	47,286	0
12000	建物付属設備	2000010	通信設備及び電源工事	217,000	215,788	0
12000	建物付属設備	2000011	内装ﾊﾟｰﾃｰｼｮﾝ	7,192,000	2,530,107	0
13000	工具器具備品	3000476	ﾁｪｱ/MC-03	167,300	151,200	0
13000	工具器具備品	3000477	ﾁｪｱ/MZ-04	223,192	0	223,192
13000	工具器具備品	3000478	DELL Elite Dragonfly	180,746	160,400	0
13000	工具器具備品	3000479	MacBook Pro 2022-1	296,608	0	296,608
13000	工具器具備品	3000481	MacBook Pro 2022-2	296,608	0	296,608

「固定資産増減明細表」という名称のファイルを開くと，題名が「固定資産チェック・減価償却確認」であったという事例です。この場合，ファイルを開いた人は「内容が違う？」，「間違ったファイルを開いた？」と戸惑います。「もしかしたら，違うデータを間違って上書き保存しているのではないか？」と，内容の精査が必要になる場合もあります。

実際のところ，ファイル名は新しく修正したのに，題名は古いままということもよくありますが，気がついたらすぐに修正しましょう。こうしたちょっとした改善により，経理チーム内のExcelファイルに関する認識の齟齬がなくなり，結果としてチーム全体の作業のしやすさが向上します。

6 管理手法 社名はアルファベットの略称にする

複数の関係会社を有する企業では，連結決算作業のために各社が作成したExcelファイルを管理する必要があります。このとき，どの会社のファイルであるかを判別するために各社の社名をフォルダやファイルに付与しますが，ここで面倒な問題が発生します。

▶子会社の決算ファイルに社名を付与した場合

©2306_T135_固定資産増減明細表_サムライ東北システムエンジニアリング株式会社_1.0.xlsx

社名をファイル名に付与すると，ファイル名が長くなってしまう。

▶子会社の決算ファイルを格納するフォルダに社名を付与した場合

10_サムライホールディングス株式会社
20_サムライ東北システムエンジニアリング株式会社
30_ニンジャテック電機株式会社
40_株式会社サムライ中部テクニカルサポート
50_株式会社村山ビジネスシステム

ファイル名が長くなってしまう。

上の例は，社名が長いためにファイル名やフォルダ名が非常に長くなってしまいました。さらに，連結決算などの資料を作成する場合，各社ごとのデータを複数シートで管理することがありますが，シート名に社名を付与するとそのシート名自体が長くなってしまい，ファイルの全体構成が掴みづらくなるといった問題も発生します。

▶各社データのシートに社名を付与した場合

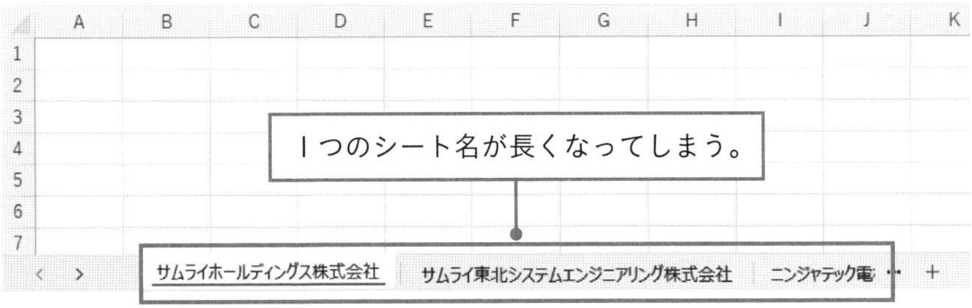

このように，Excelファイルの管理に関係会社の社名を使うと，管理自体が非常にわかりづらくなってしまうことから，社名を簡略化するなどの工夫が必要となります。そこで**社名の簡略化に役立つのが，社名をアルファベットの略称で管理する**ということです。

▶各社の社名をアルファベットの略称にした場合

各社の社名をアルファベット３文字で管理

略称	社名
SHD	サムライホールディングス株式会社
SSE	サムライ東北システムエンジニアリング株式会社
NTD	ニンジャテック電機株式会社
STS	株式会社サムライ中部テクニカルサポート
MBS	株式会社村山ビジネスシステム

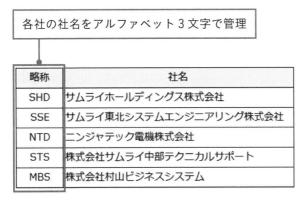

上の例では，各社の社名をアルファベット３文字の略称に置き換えています。この略称でファイル管理することで，Excelファイルやフォルダが整理しやすくなります。

▶アルファベットの略称でファイル管理した場合

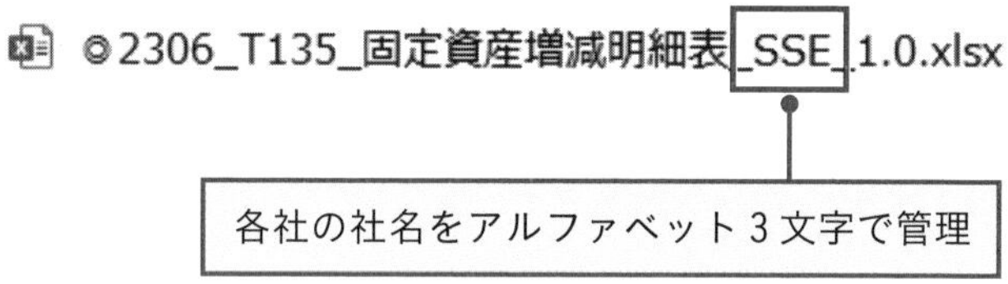

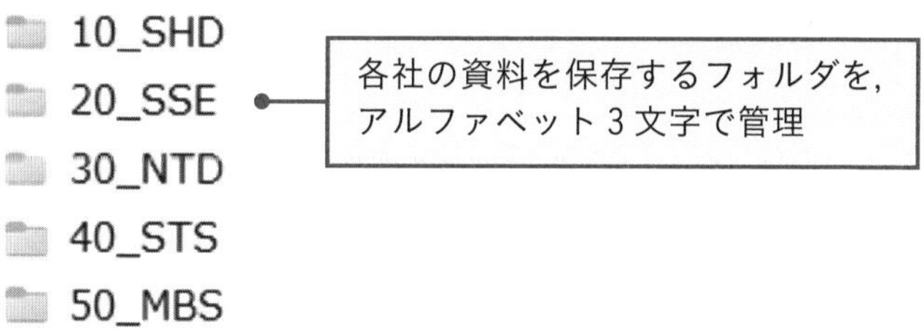

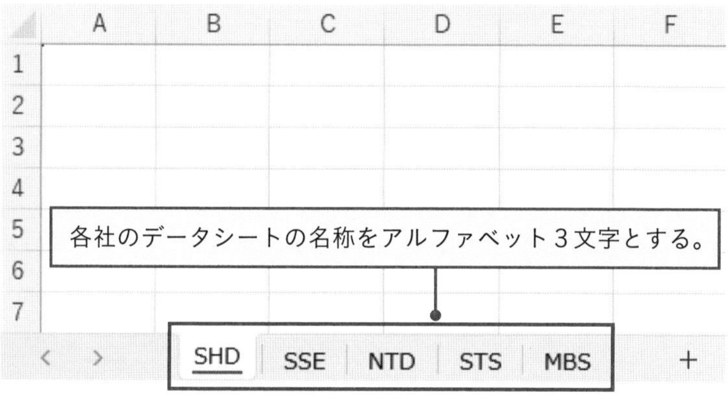

このように，各社の社名をアルファベット３文字の略称にすることで，ファイル名，フォルダ名やシート名まで短くかつシンプルに表示することができます。

7　管理手法　ルールの運用における５つの配慮

本章で解説したExcel管理ルールは，**経理チームメンバー全員がルールに従って実務を行うことで初めて業務の属人化が排除され，業務効率も上がる**という効果が発揮できます。逆にチームの一人でもルールを守らなければ，とたんにExcelファイルの管理が煩雑になってしまうため，管理ルールの運用展開に気を配る必要があります。

実際にルールの運用を展開する際には，次の５つの配慮が欠かせません。

ルールを運用するときの５つの配慮

① なぜルールが必要なのか？ また，ルールを守らない場合に発生する問題を具体的にチームメンバーに伝える（本章２参照）。

② 問題を解決する方法が，本ルールの運用であることを理解してもらうために，チームメンバーに十分な説明を行う。

③ ルールの運用はいきなり始めるのではなく，事前準備を徹底した上で翌年度期首から始める（期中から始めると，新旧の運用ルールが混在し，余計に混乱するため）。

なお，過去のフォルダやファイルまで新しいルールに合わせて修正するのは大変なため，そこは諦めるなど臨機応変な対応も必要。

④ 簡潔にまとめたルールブックを作成し，経理チーム内でいつでも確認できるように共有しておく。

⑤ 新入社員，中途社員，異動で経理に配属された方については，配属初日からルールの周知を行う。

Excel管理ルールは設定しただけでは効果がありません。チームメンバー全員が納得して，自主的にルールを運用できるかどうかが重要となります。

Column

Excelファイル管理に興味のない経理パーソンたち

本章では，Excelファイルの管理ルールについて解説しました。Excelの操作を早くする方法や，使える関数テクニックといった解説ではないため，興味がない人もいるかもしれません。しかし，この管理ルールこそが経理業務の効率化に大きな影響を及ぼしてくると考えます。

私は，複数回転職を経験し，さまざまな業界の経理実務に携わってきましたが，転職のたびに思うのが「経理実務で使うExcelファイルの管理が煩雑である」ということです。正直なところ，今まで働いてきた中で理想的なExcelファイル管理をしている企業はありませんでした。

たとえば，ファイルサーバーの経理の領域の中で，1階層だけでフォルダが40〜50もあり，しかもフォルダ名が意味不明なものばかり並んでいるところや，ファイル名が「最新，最新の最新，最終の最終２，最新確定版ｖ２」と付けられたExcelファイルが大量に保存されているといったところもありました（ネタではなくすべて実話です…）。

そして，このような煩雑な管理をしている企業へ転職したとき，最初に思うことが，「どこにどのようなExcelファイルが保存されているのかさっぱりわからず，仕事に取りかかれない…」ということでした。経理では実際に作業する際，過去に作成されたExcelの資料からこれまでの作業内容を把握し，その資料を参考にして当期の決算作業を進めていくことがあります。このとき過去に作成されたExcelの資料がどこにあるかわからないと，ひたすらファイル検索をすることに時間を費やしてしまいます。もちろん，わからないときは，他の経理メンバーにファイルの保存場所を聞きますが，毎回その質問ばかりしているのも気が引け，なんとか自分で探そうとします。しかし，目的のファイルは見つからず，結局は他の経理メンバーに聞くという負のループに陥ることもよくありました。

うまくファイルを探し当てたとしても，今度はどれが最新でどれが最終版のファイルなのかファイル名では判断できず，すべてのファイルを開いて内容を確認するといった作業も発生します。ひどいときには，目的のExcelファイルを探す作業，ファイルの中身を確認する作業で１日が終わってしまうということもありました…。

こんな作業は明らかに効率が悪いと思うのですが，長い期間このような環境で仕事をしている人にとっては，それが普通でなんとなく感覚でファイルの保存場所や中身が理解できるようになっているため，効率よくファイル管理することに興味を持ってくれません（完全に管理が属人化しているのです）。

同じ人たちが同じ環境で延々と仕事ができるなら，ファイル管理も属人化したままでもいいかもしれませんが，新入社員が入ったり，他部署からの異動があったりと社内でも常に人は動きます。さらに今後は人材の流動化が進み，即戦力の中途採用者も増える中で，一部の人の感覚でしか把握できないExcelファイルの管理がされていると，チーム全体の業務効率が上がらないどころか，無駄な作業に時間を取られてしまうばかりです。

Excelファイルの管理については，私自身何度も苦しめられた経験があるのでちょっと熱く語ってしまいましたが，この経験があったからこそ，今回のファイル管理の手法を構築できたと思っています。

私のようにExcelの管理で苦しむ人を減らしたい。そのためにも，本章で解説した管理の手法を取り入れて，経理実務に取り組んでいただけたら幸いです。

第6章

日次業務～年次決算で使える！
Excelの作業を早くするスキル

Excelでの資料作成が大変…
もっと効率よく使いたい！

関数がいっぱいあって何を使えば
いいかわからない…

経理の仕事で役に立つExcelの
機能はどれ？

1　経理チーム全員がExcelスキルを身につけるとさらに作業効率が上がる

経理では，日次業務から決算業務まであらゆる場面でExcelが使われています。このとき求められるのが**スピードを上げて効率よくExcel操作する**ということです。

Excelの操作スキルには個人差があり，さまざまな便利機能を使って効率よく操作する人もいれば，とりあえず操作ができる程度でかなりの時間を要して作業をしている人もいます。

特に，経理の仕事を始めて間もない人は，どうやったらExcelをうまく使えるようになるかを悩むことも多いでしょう。また，ベテランの経理パーソンであっても，便利機能の存在を意外と知らないまま使い続けていることもあります。

また，日次業務や決算業務について経理チームのメンバーで分担して行う場合，一部のメンバーの作業が遅れてしまうと，結果としてチーム全体の作業も遅れることになります。このメンバーの作業遅れの原因が，実はExcelの操作スキル不足だったということもあります。

あるメンバーは，Excel関数やショートカットキーを使いこなし，効率よく作業を進めている一方，ほかのメンバーはほとんど関数を使わずに手作業で計算をしていたり，Excelで自動計算できるのに電卓を使って集計作業をしていたりと，非常に効率の悪い作業を行っていることもあります。

この結果，Excel操作スキルが高い人の業務だけが先に進み，スキルが低い人の業務が終わるまで待ち状態になってしまいます。むしろExcel操作スキルが高い人に業務をやってもらうほうが早いので，結果としてその人に業務が集中してしまうこともあります。

このようなチームメンバーの業務バランスが崩れてしまうことを防ぐた

めには，**チームとして最低限のExcel操作スキルは上げておきたい**ところです。

本章では，すべての経理パーソンに向けて，Excelの作業スピードを上げ，効率よく操作をするためのスキルを解説します。ただし，操作スキルをアップさせるために，やみくもにExcelの機能を覚えるのは現実的ではありません。

今回解説するExcel操作スキルは，Excel初心者でも覚えられ，さらに経理の仕事でも使えるスキルを厳選しています。まずは個々のメンバーが率先してExcel操作スキルを身につけていきましょう。それが結果としてチーム全体の作業を速くすることにも繋がっていきます。

2　日々の経理業務で頻繁に使うExcelショートカットキー

手っ取り早くExcelの作業スピードを上げるには，**ショートカットキーを覚える**必要があります。ショートカットキーとは，マウスを使わずにキーボードだけでExcelを操作する機能です。

わざわざマウスでメニューを開いて機能を選択することをせず，キーボードだけで操作が完結するため，作業スピードもアップします。

Excelのショートカットキーは200以上ありますが，すべてを覚える必要はありません。**経理業務で毎回使うショートカットキーを覚える**だけで十分作業スピードを速めることができます。

今回は，経理の日次業務や決算業務で頻繁に使うもので，これだけは最低限覚えてほしいショートカットキーを6つピックアップしました。この6つは「Ctrl」キーからはじまるショートカットキーであり，覚えやすいのでExcel初心者でもすぐに使えます。

▶経理で必須！ 6つのExcelショートカットキー

- セルデータをコピー（ Ctrl ＋ C ）
- セルデータを切り取り（ Ctrl ＋ X ）
- セルデータを貼り付け（ Ctrl ＋ V ）
- ファイルを上書き保存（ Ctrl ＋ S ）
- セルのデータ内移動（ Ctrl ＋ 矢印キー ）
- セルのデータ選択（ Ctrl ＋ Shift ＋ 矢印キー ）

（1）セルデータのコピー・切り取り・貼り付けのショートカットキー

最初にExcel操作の基本となる「**セルデータのコピー・切り取り・貼り付け**」の３つのショートカットキーを覚えましょう。

- セルデータをコピー　＝　Ctrl ＋ C
- セルデータを切り取り　＝　Ctrl ＋ X
- セルデータを貼り付け　＝　Ctrl ＋ V

Excelを使っていると，セルデータをコピーまたは切り取りして，ほかのセルに貼り付けするという操作を頻繁に行います。マウスを使ってこの操作を行う場合，右クリックでメニューを開きコピーを選択するという操作が必要ですが，ショートカットキーなら「Ctrl」キーのあとに「C」または「X」を押すだけでコピーや切り取りができます。そして，コピーや切り取ったセルデータは，「Ctrl ＋ V」でほかのセルへ貼り付けします。

「Ctrl ＋ C でコピー（またはXで切り取り）して，Ctrl ＋ V で貼り付け」をセットで使うことで，作業スピードを速くすることができます。

（2）上書き保存のショートカットキー

- 上書き保存　＝　Ctrl ＋ S

Excelで大量のデータを扱うような場合，パソコンの処理が重くなりフリーズすることがあります。そういったとき，Excelで作業していた途中までの内容が保存されず，最初からやり直さなければならない（今までの作業が無駄になる）という状況に陥ってしまいます。

この問題を避けるためには，**ある程度Excelで作業を進めたときに都度ファイルの上書き保存**をするクセをつけましょう。上書き保存するときは

「Ctrl + S」のショートカットキーで素早く行います。

(3) データの端から端へ「移動」するショートカットキー

・データの端へ移動する　＝　Ctrl ＋ 矢印キー

経理業務では，会計システムなどから出力した大量のデータをExcelで加工・集計する作業を行います。この作業を行う際に必須のショートカットキーです。

たとえば，「Ctrl + ↓」を使えば，データが入力されている範囲でその列の一番下のセルに移動できます。

▶ Ctrl + ↓ を使った場合

貸借対照表

単位：千円

コード	科目名	繰越残高	借方	貸方	残高
10100	現金	651	653	1,124	180
10110	当座預金	6,222	254	255	6,221
10111	普通預金	2,474,891	7,095,413	7,471,564	2,098,740
10113	定期預金	3,254	250	255	3,249
11130	受取手形	0	0	0	0
11135	売掛金	75,536	1,320,244	1,353,430	42,350
11145	有価証券	12,354	8,540	254	20,640
10161	商品	48,577	32,540	8,750	72,367
10165	製品	35,400	3,250	2,970	35,680
10169	仕掛品	7,500	1,000	597	7,903

同様に，Ctrl + ↑，Ctrl + →，Ctrl + ←で，それぞれデータ列・行の端のセルにカーソルが移動します。

このショートカットキーを使えば，わざわざマウスで画面をスクロールしてセルを移動する必要もありません。特に大量のデータを扱う場合，このショートカットキーを使えば一瞬でデータの端に移動できるため，作業のスピードアップに繋がります。

（４）データの端から端まで「選択」するショートカットキー

・データの端まで選択する　＝　Ctrl ＋ Shift ＋ 矢印キー

このショートカットキーは，大量のデータを一度に選択してコピー・貼り付けするときに役に立ちます。「Ctrl ＋ 矢印キー」と一緒に覚えると利便性が高まります。

▶ Ctrl ＋ Shift ＋ ↓ を使った場合

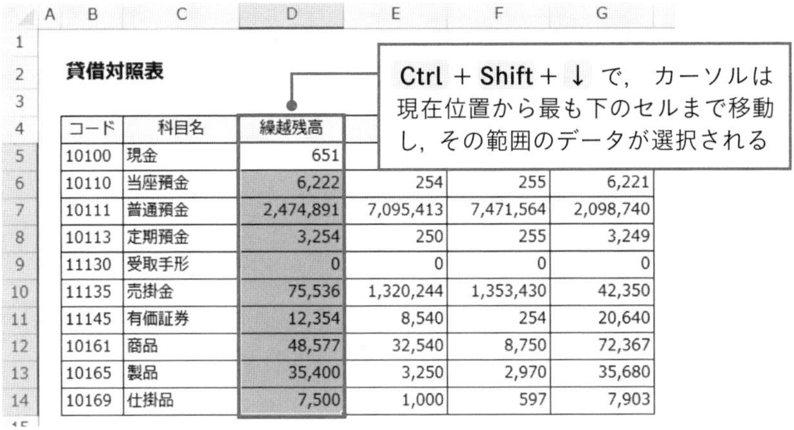
Ctrl ＋ Shift ＋ ↓ で，カーソルは現在位置から最も下のセルまで移動し，その範囲のデータが選択される

貸借対照表

コード	科目名	繰越残高			
10100	現金	651			
10110	当座預金	6,222	254	255	6,221
10111	普通預金	2,474,891	7,095,413	7,471,564	2,098,740
10113	定期預金	3,254	250	255	3,249
11130	受取手形	0	0	0	0
11135	売掛金	75,536	1,320,244	1,353,430	42,350
11145	有価証券	12,354	8,540	254	20,640
10161	商品	48,577	32,540	8,750	72,367
10165	製品	35,400	3,250	2,970	35,680
10169	仕掛品	7,500	1,000	597	7,903

大量のデータから必要な行や列だけを選択する場合，マウス操作では画面をスクロールしながらデータ選択をする必要があります。しかし，このショートカットキーを使えば瞬時にデータをまとめて選択できます。

さらに，このショートカットキーで必要なデータを選択し，上述した「Ctrl ＋ C (X)」と「Ctrl ＋ V」のショートカットキーを使えば，キーボード操作のみでまとめて行や列のセルをコピー・切り取り＆貼り付けができます。

3　決算資料や決算報告書の作成で使うべきExcel関数

Excelを使って大量の数値データを処理する作業が多い経理では，その作業を速くかつ容易に行うためにExcel関数を活用する必要があります。

この関数は，「**手間のかかる計算について，時間をかけず簡単に行うExcelの機能**」であり，関数を使うことで何百，何千もある大量の数値データを一括で合計したり，条件に合うデータだけを取り出したり，複雑な計算を一発で行うことができます。

Excel関数の種類は480以上ありますが，経理の仕事ではその中の数種類を使うだけでも十分に作業を速くすることができます。

ここからは，経理の仕事で使うべきExcel関数を厳選して解説します。

(1) 切り捨て・四捨五入する関数「ROUNDDOWN，ROUND」

①　ROUNDDOWN関数

ROUNDDOWN関数は数値の小数点や一定単位の端数を「切捨て」表示する際に使われます。

経理実務では資料作成の際，**円単位の数値を千円単位や百万円単位に表示を変更する**ことがあります。このとき，表示単位未満を切捨て表示する際にROUNDDOWN関数が使われます。

▶ ROUNDDOWN関数の形

・ROUNDDOWN（数値 , 桁数）

単位：円

	前期末	当期末
流動資産	54,245,600	59,670,160
固定資産	89,500,340	96,743,900
繰延資産	9,099,800	8,797,040

単位：千円

	前期末	当期末
流動資産	54,245	59,670
固定資産	89,500	96,743
繰延資産	9,099	[illegible]

※千円未満切捨て表示

＝ROUNDDOWN（C4/1000,0）

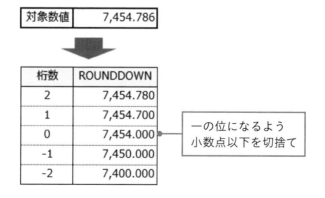

なお，ROUNDDOWN関数で指定する桁数は，それぞれの桁数になるように切捨てという意味になります。

▶ ROUNDDOWN関数で指定する桁数

対象数値	7,454.786

桁数	ROUNDDOWN
2	7,454.780
1	7,454.700
0	7,454.000
-1	7,450.000
-2	7,400.000

一の位になるよう
小数点以下を切捨て

② ROUND関数

ROUND関数は，表示単位未満を「四捨五入」して表示する際に使われます。

▶ ROUND関数の形

・ROUND（数値，桁数）

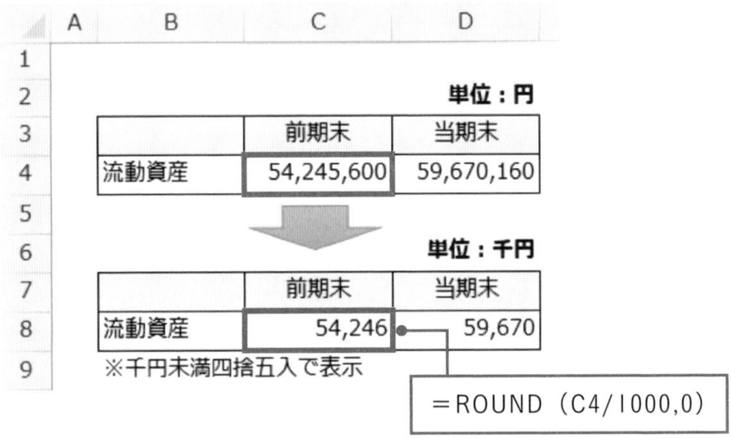

ちなみに，ROUNDDOWNやROUNDと同じ種類の関数で，ROUNDUPという関数があります。ROUNDUPは表示単位未満を「切上げ」して表示する際に使われますが，経理で作成する書類では金額単位を切捨て表示することが多いため，使う頻度は少ないでしょう。

（2）数値を合計する関数「SUM，SUMIF，SUMIFS」

① SUM関数

SUM関数とは，**複数の数値データを一括で合計する関数**です。何百，何千もある数値データの合計を一発で計算できるので，大量の数値データを扱う経理にとって必須で，最初に覚えるべき基本の関数です。

▶ SUM関数の形

・SUM（数値１，数値２・・・）
・SUM（合計したいセルの範囲）

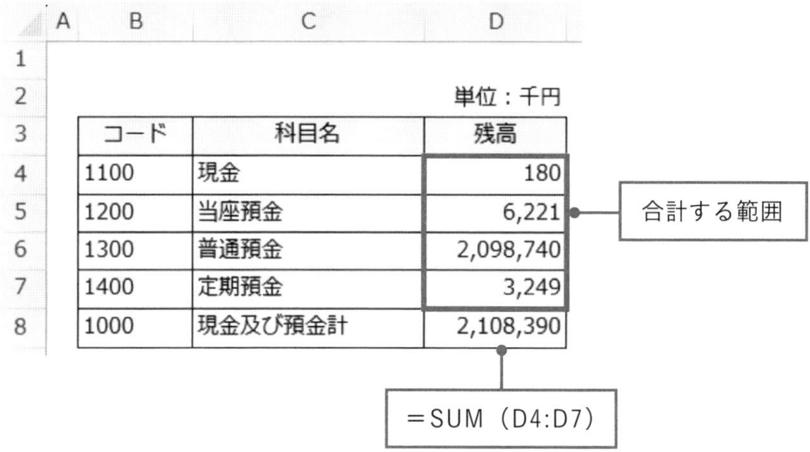

	A	B	C	D
1				
2				単位：千円
3		コード	科目名	残高
4		1100	現金	180
5		1200	当座預金	6,221
6		1300	普通預金	2,098,740
7		1400	定期預金	3,249
8		1000	現金及び預金計	2,108,390

SUM関数で，合計したい数値データの範囲（上の例では「D４:D７」のデータ）を指定することで，指定範囲の合計を求めることができます。

②　SUMIF関数

SUMIF関数は，SUM関数の発展形で，**指定した条件に見合うデータだけを合計する関数**です。経理業務において，システムから出力した大量のデータを加工する際，一つの条件に見合う数値だけを合計したいということがあります。その際，このSUMIF関数を使えば，好きな条件を指定して数値の合計を求めることができます。

▶ SUMIF関数の例

・SUMIF（条件範囲，検索条件，合計範囲）

	A	B	C	D	E	F	G
1							
2		元帳集計　条件					
3			補助ｺｰﾄﾞ	補助科目	合計		
4		集計	101	国内旅費	**750,254**		

検索条件

＝SUMIF（C8:C16,C4,G8:G16）

	A	B	C	D	E	F	G
5							
6		旅費交通費　元帳					
7		伝票日付	補助ｺｰﾄﾞ	補助科目	部門ｺｰﾄﾞ	部門	金額
8		2023/04/1	101	国内旅費	3010	営業1課	72,500
9		2023/04/5	102	近郊旅費	8020	総務部	630
10		2023/04/7	101	国内旅費	3010	営業1課	17,000
11		2023/04/11	102	近郊旅費	8030	人事部	590
12		2023/04/11	101	海外旅費	3020	営業2課	357,000
13		2023/04/15	101	国内旅費	3020	営業2課	45,034
14		2023/04/16	103	国内旅費	3110	横浜営業所	35,700
15		2023/04/20	101	海外旅費	3010	営業1課	203,520
16		2023/04/21	101	国内旅費	3110	横浜営業所	55,200

条件範囲

合計範囲

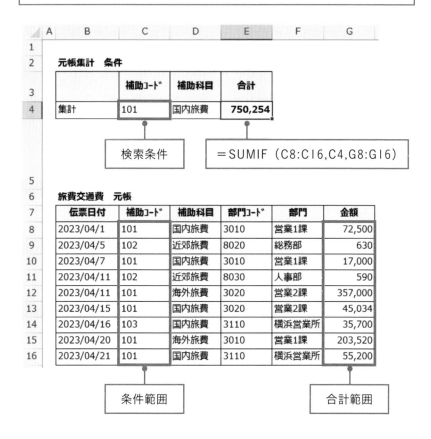

この例では，SUMIF関数で補助コード「101」に該当する旅費交通費の合計を計算しています。他にも，得意先別売上データの中から「得意先X社の売上だけを集計したい」など，一定の条件の数値データを合計するときに，このSUMIF関数が利用できます。

③　SUMIFS関数

経理でExcelを使っていると，**膨大なデータの中から複数の条件に見合うデータを集計したい**といったことがあります。そのときSUMIFをさらに発展させた「SUMIFS関数」を使うと効率よく計算ができます。

SUMIFS関数の例

・SUMIFS（合計対象範囲，条件範囲 1，条件 1，条件範囲 2，条件 2）

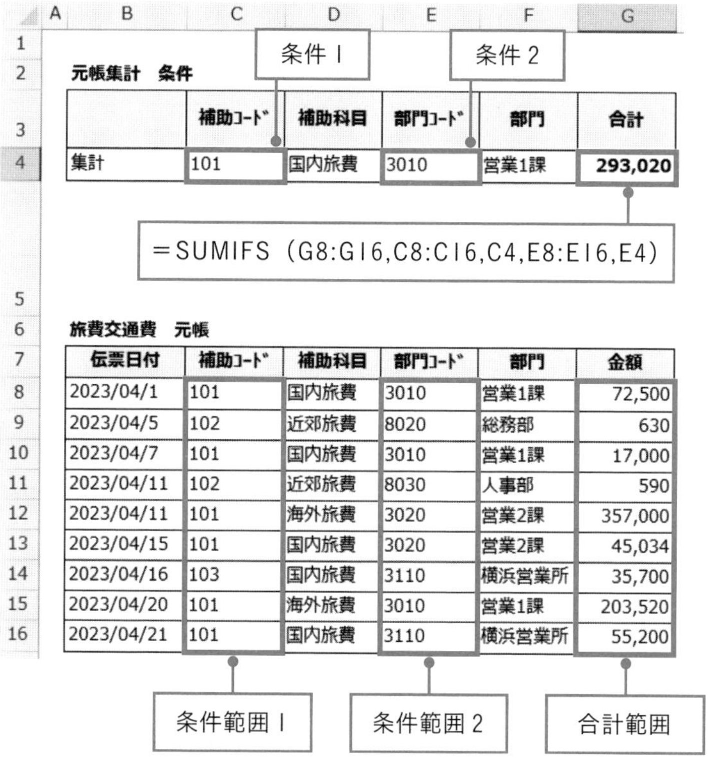

元帳集計　条件

	補助ｺｰﾄﾞ	補助科目	部門ｺｰﾄﾞ	部門	合計
集計	101	国内旅費	3010	営業1課	293,020

旅費交通費　元帳

伝票日付	補助ｺｰﾄﾞ	補助科目	部門ｺｰﾄﾞ	部門	金額
2023/04/1	101	国内旅費	3010	営業1課	72,500
2023/04/5	102	近郊旅費	8020	総務部	630
2023/04/7	101	国内旅費	3010	営業1課	17,000
2023/04/11	102	近郊旅費	8030	人事部	590
2023/04/11	101	海外旅費	3020	営業2課	357,000
2023/04/15	101	国内旅費	3020	営業2課	45,034
2023/04/16	103	国内旅費	3110	横浜営業所	35,700
2023/04/20	101	海外旅費	3010	営業1課	203,520
2023/04/21	101	国内旅費	3110	横浜営業所	55,200

この例では，SUMIFS関数で補助コード「101」と部門コード「3010」の複数条件に該当する旅費交通費の合計を計算しています。

（3）条件に合わせて処理を変える関数「IF」

IF関数とは，「もしXXXだったら【○】を表示してください。そうでなければ【×】を表示してください」といったように**条件に従って表示を変える関数**です。経理では，数値基準によって会計処理の判定をすることがあります。その際IF関数を使えば，自動で会計処理の判定を行うことができます。

▶IF関数の例

・IF（論理式，値が真の場合，値が偽の場合）

投資有価証券　減損判定

銘柄	取得価額	時価	騰落率	減損判定
XXXX株式会社	745,000	840,000	12.8%	
株式会社◇◇◇	235,000	100,200	-57.4%	減損

※時価が取得価額の50%以上下落すると「減損」

＝IF（E5<＝-0.5,"減損",""）

この例では，保有している投資有価証券の騰落率が50%以上下落した場合，IF関数を使って「減損」と表示されるようにしています。数値が条件に合うかどうかの判定結果を一目でわかるようにしたいとき，このIF関数が役に立ちます。

（4）計算結果がエラーの場合に表示を指定する関数「IFERROR」

IFを発展させたIFEEROR関数は，**計算結果がエラーとなったときの表示方法を指定できる関数**です。

▶ IFERROR関数の形

・IFERROR（値，エラーの場合の値）

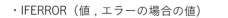

事業所別　売上比較　　単位：千円

銘柄	前期	当期	増加率
大阪営業センター	158,146	174,730	10.5%
神戸営業所	94,496	119,382	26.3%
広島営業所	21,210	19,796	-6.7%
徳島事業所	0	13,534	#DIV/0!
山口事業所	19,796	24,240	22.4%

＝-（1-D7/C7）

徳島事業所の増加率に「#DIV/０!」というエラーが表示されています（この場合，割り算の分母がゼロのためエラーとなっています）。エラー表示があると，Excel内の他の計算式も連動してエラーになってしまう場合や，表の見た目も悪くなってしまいます。そこで，エラーが発生したときの表示方法をIFERROR関数で指定し，「#DIV/０!」というエラー表示を「—」に変更することができます。

事業所別　売上比較　　単位：千円

銘柄	前期	当期	増加率
大阪営業センター	158,146	174,730	10.5%
神戸営業所	94,496	119,382	26.3%
広島営業所	21,210	19,796	-6.7%
徳島事業所	0	13,534	―
山口事業所	19,796	24,240	22.4%

＝IFERROR（-（1-D7/C7）,"―"）

Excelを使っていると，こういったエラーが表示されることが度々あります。その際このIFERROR関数を使えばエラー表示を変更して見た目を整えることができます。

（5）条件に一致したデータを取り出す「VLOOKUP，XLOOKUP」

①　VLOOKUP関数

VLOOKUP関数とは，**データの中から条件に合う値を抜き出したいとき**に使います。経理では，システムから出力した大量のデータの中から，条件に合う値だけを抜き出して表示することがありますが，このVLOOKUP関数を使うことでそれが実現できます。

▶VLOOKUP関数の形

・VLOOKUP（検索値，検索範囲，検索列，検索方法）
※検索方法は省略可

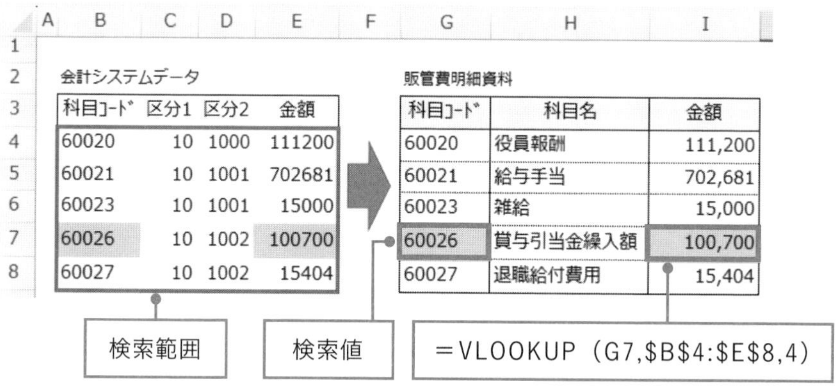

この図の左側（B３：E８）のデータは数値が羅列しているシステムから出力したデータです。このデータから，右側の販管費明細資料の科目コード（G７）に紐づく金額を抜き出して（I7）に表示します。

経理業務では，会計システムからCSVなどのデータを出力し，そのデータの中から必要な値を抜き出して資料を作成することがあります。このとき，システムから出力されるデータには不要なデータも多く含まれているため，VLOOKUP関数を使って必要なデータだけを抜き出すといったことが行われています。

②　XLOOKUP関数

XLOOKUP関数は，Office2021や365で使えるようになった新しい関数です。VLOOKUP関数と同様に，**条件に合う値だけを抜き出すことができ，検索方法もわかりやすい**のが特徴です。

▶ XLOOKUP関数の形

・XLOOKUP（検索値，検索範囲，戻り範囲，見つからない場合，一致モード，検索モード）
※「見つからない場合・一致モード・検索モード」は省略可

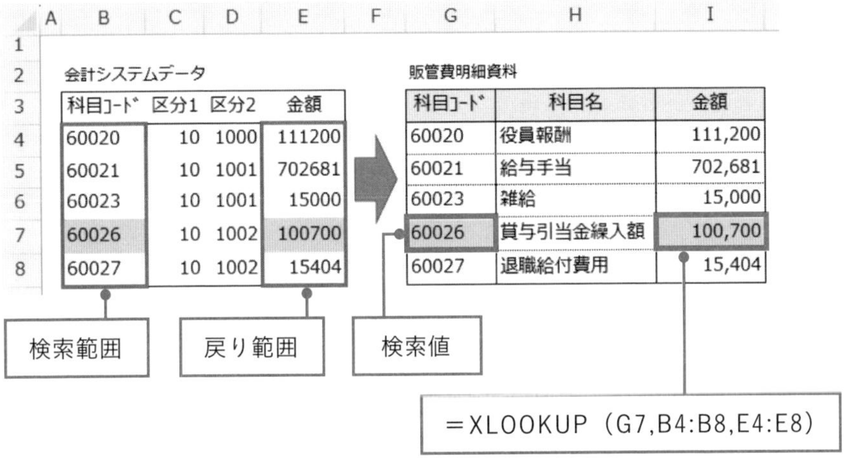

XLOOKUP関数は，検索範囲と表示したい戻り範囲を設定すれば表示したい値をすぐに検索できるためVLOOKUP関数よりもわかりやすい関数です。Excelのバージョン次第では，XLOOKUP関数が使えない場合もありますが，使いやすい関数なので「VLOOKUP→XLOOKUP」へ切り替えてもよいでしょう。

4　経理の仕事で使えるExcel便利機能！

(1) ピボットテーブルは経理の仕事で必須機能

経理では，会計システムなどから出力されるデータを加工・集計し，決算数値の算出や取引内容の分析などの作業を行いますが，このとき問題となるのが，**データの加工・集計作業に時間を要する**ということです。

システムから出力されるデータはその数も多く，さらに不要なデータが含まれていることもあり，データ加工・集計作業に多くの時間を費やさなければなりません。

こうした作業時間の問題は，**ピボットテーブル機能を活用すれば解決**できます。事前にピボットテーブルで条件に合わせた集計の設定をしておけば，あとは更新するだけで瞬時にデータ集計してくれます。さらに，難しい関数や数式を使わずに，ドラッグ＆ドロップの操作でデータ集計ができるというメリットもあります。

なお，ピボットテーブルには集計・分析のための「元データ」が必要となります。元データとは，会計システムや販売管理，原価計算などのシステムから出力されるデータのことです。このデータを使って様々な角度から集計・分析するのが，ピボットテーブルの基本的な使い方となります。

①　ピボットテーブルの機能について

経理では各種システムからデータを出力し，それを加工して決算数値を算出するといった作業を行います。その際ピボットテーブルで，大量のデータの中から必要なデータのみを集計するという設定を行えば，瞬時にデータ集計し作業時間を短縮できます。

▶会計システムのデータをピボットテーブルで集計する例

	A	B	C	D	E	F	G	H	I	J	K	L	M	N	O	P
1	行	日付	整理区	伝票	仕訳伝	仕訳伝票	借方部	借方部門	借方勘	借方勘	借方補	借方補	借方消	借方消費	借方消	借方消
2	1	2023/04/30	0	1698	000	通常伝票	5020	製造２課	6741	通信費			12	共通	0	標準
3	2	2023/04/30	0	1698	000	通常伝票	5020	調達部	6741	通信費			12	共通	0	標準
4	3	2023/04/30	0	1698	000	通常伝票	1030	品質管理部	6741	通信費			12	非課税売	0	標準
5	4	2023/04/30	0	1699	000	通常伝票	1030	経理部	6741	通信費			12	共通	0	標準
6	5	2023/04/30	0	1699	000	通常伝票	1030	生産本部	6741	通信費			12	共通	0	標準
7	6	2023/04/30	0	1700	000	通常伝票	1030	人事部	6741	通信費			12	課税売	0	標準
8	7	2023/04/30	0	1700	000	通常伝票	1050	製造１課	6741	通信費			12	課税売	0	標準
9	8	2023/04/30	0	1701	000	通常伝票	1050	営業第１部	6741	通信費			12	課税売	0	標準
10	9	2023/04/30	0	1701	000	通常伝票	1050	営業第２部	6741	通信費			12	非課税	0	標準
11	10	2023/04/30	0	1701	000	通常伝票	5020	経営企画部	6741	通信費			12	共通	0	標準
12	11	2023/04/30	0	1701	000	通常伝票	5030	品質管理部	6783	管理諸費			12	共通	0	標準
13	12	2023/04/30	0	1701	000	通常伝票	5020	生産本部	6741	通信費			12	非課税売	0	標準
14	13	2023/04/30	0	1702	000	通常伝票	5020	調達部	6741	通信費			12	課税売	0	標準
15	14	2023/04/30	0	1702	000	通常伝票	0005	経理部	6740	旅費交通	0001	国内	12	課税売	0	標準
16	15	2023/04/30	0	1702	000	通常伝票	5020	人事部	6741	通信費			12	課税売	0	標準
17	16	2023/04/30	0	1702	000	通常伝票	5020	営業第１部	6746	修繕費			12	課税売	0	標準
18	17	2023/04/30	0	1698	000	通常伝票	5020	製造１課	6746	修繕費			12	課税売	0	標準

借方部門名	借方勘定科目名	金額
⊟営業第１部	修繕費	35,796
	通信費	38,808
⊟営業第２部	地代家賃	3,009,930
	通信費	26,187
⊟経営企画部	地代家賃	140,131
	通信費	27,923
⊟経理部	通信費	14,025
	旅費交通費	86,980
⊟人事部	通信費	185,350
⊟生産本部	通信費	276,511
⊟製造１課	修繕費	15,125
	通信費	536,223
⊟製造２課	厚生費	115,500
	通信費	15,675
⊟調達部	通信費	28,547
⊟品質管理部	管理諸費	11,781
	通信費	263,450
総計		**4,827,942**

部門ごとに計上された勘定科目の金額を集計

また，ピボットテーブルはさまざまな角度から自由にデータ集計ができるというメリットがあります。

たとえば，売上高を集計する場合を考えてみましょう。

売上高の集計軸の例

- **どの店舗でどれだけ売上があるか？**
  →店舗を軸に売上を集計
- **１年のうちどの月の売上が多いか？**
  →月ごとの売上を集計
- **商品ごとに年間の売上比較をしたい**
  →商品カテゴリー別に年間売上を集計

このように，売上の集計軸を変えながらさまざまな視点で集計ができるため，データ分析の基礎資料などにもピボットテーブルが使われます。

▶集計軸を変えながら分析した例

・店舗別に売上を集計

店舗名	売上高
横浜南店	44,270,500
銀座中央店	61,047,000
桜岡東店	63,924,930
湾岸CS店	33,307,340
総計	**202,549,770**

・月別に売上を集計

行ラベル	売上高
1月	3,950,100
2月	12,866,040
3月	9,591,700
4月	14,415,300
5月	8,950,100

・商品別に年間売上を集計

行ラベル	売上高
シューズ	26,751,200
セットアップ	37,449,000
トップス	7,182,000
パンツ	3,591,000
ビジネスシャツ	21,648,600
ファッション雑貨	28,049,440
総計	**124,671,240**

②　経理実務でのピボットテーブル活用例

ここでは，実際に経理実務で行われているピボットテーブルの活用事例を３つご紹介します。

事例①　売上データ分析

経理では得意先別，部門別，商品別などさまざまな角度から売上を集計し，その集計結果を社内で報告します。その際，**販売管理システムから売上データを出力し，必要な項目を抜き出して売上の実績を集計する**のですが，この作業で役に立つのがピボットテーブルです。

▶システムから出力した売上実績データ

	A	B	C	D	E	F	G	H
1	取引先ID	取引先名	部門No	部門名	商品No	商品名	契約年月	売上金額
2	110255	株式会社インプサイド	101	CSサービス1部	A10101	データ販売一式	2024年7月	1,055,000
3	110255	株式会社インプサイド	101	CSサービス1部	S90010	セキュリティサポート初期導入費	2024年5月	420,000
4	245540	キーサプスト株式会社	502	オフィス営業部2部	S80001	セキュリティサポートプランA	2024年5月	545,000
5	103030	株式会社アロス	101	CSサービス1部	S90010	セキュリティサポート初期導入費	2024年6月	350,000
6	354010	西日本テクライ株式会社	503	オフィス営業部3部	A10101	データ販売一式	2024年7月	1,150,000
7	354010	西日本テクライ株式会社	503	オフィス営業部3部	A10210	データ販売シルバープランB	2024年7月	2,500,000
8	287455	株式会社JJBL	102	CSサービス2部	A10210	データ販売シルバープランA	2024年6月	1,350,000
9	395540	サムデイ株式会社	502	オフィス営業部2部	S80001	セキュリティサポートプランA	2024年6月	554,000
10	287455	株式会社JJBL	102	CSサービス2部	A10210	セキュリティサポート初期導入費	2024年6月	350,000
11	245540	キーサプスト株式会社	502	オフィス営業部2部	S80001	セキュリティサポートプランA	2024年7月	445,000
12	100120	株式会社佐六商	503	オフィス営業部3部	S80001	セキュリティサポートプランA	2024年7月	545,000
13	395540	EAC株式会社	102	CSサービス2部	A10201	データ販売シルバープランA	2024年6月	1,254,000
14	325400	株式会社鉄鋼SA	102	CSサービス2部	S90010	セキュリティサポート初期導入費	2024年5月	350,000

ピボットテーブルを使えば，図のような売上データから複数の項目を組み合わせて集計することができます。

▶ピボットテーブルで売上実績データの項目を集計

	A	B	C	D	E
1					
2		月	部門No	部門名	合計 / 売上金額
3		⊟5月	⊟101	CSサービス1部	420,000
4			⊟102	CSサービス2部	350,000
5			⊟502	オフィス営業部2部	545,000
6		⊟6月	⊟101	CSサービス1部	350,000
7			⊟102	CSサービス2部	2,954,000
8			⊟502	オフィス営業部2部	554,000
9		⊟7月	⊟101	CSサービス1部	1,055,000
10			⊟502	オフィス営業部2部	445,000
11			⊟503	オフィス営業部3部	4,195,000
12		**総計**			**10,868,000**

⚠この例では，月別－部門別売上実績を集計しています。

事例② 固定資産の状況把握

経理の仕事の１つに固定資産管理があります。この固定資産管理は一般的に専用のシステムを利用している場合が多く，このシステム内で自社の固定資産の状況を把握することができます。ただし，システムだけではさまざまな角度から自由に集計・分析を行うことが難しい場合があります。その際，**システムからいったんCSVデータ等を出力し，Excelで集計・分析を行う**のですが，このとき役に立つのがピボットテーブルです。

▶システムから出力した固定資産データをピボットテーブルで集計する例

	A	B	C	D	E	F	G	H	I	J
1	資産科目コード	勘定科目	資産コード	資産名	使用月数	取得日	供用日	取得価額	償却方法	耐用年数
2	12000	建物付属設備	2000016	内装工事（内装）	12	2014/12/31	2014/12/31	23,932,000	200%定率法	10
3	12000	建物付属設備	2000018	内装工事（空調）	12	2014/12/31	2015/1/31	2,126,577	200%定率法	15
4	12000	建物付属設備	2000019	内装工事（ｾｷｭﾘﾃｨ工事）	12	2014/12/31	2015/1/31	303,800	200%定率法	10
5	12000	建物付属設備	2000010	通信設備及び電源工事	12	2022/3/27	2022/3/27	217,000	定額法	15
6	12000	建物付属設備	2000011	内装ﾊﾟｰﾃｰｼｮﾝ	12	2014/12/31	2014/12/31	7,192,000	200%定率法	15
7	13000	工具器具備品	3000476	ﾁｪｱ/MC-03	11	2022/5/9	2022/5/9	167,300	200%定率法	8
8	13000	工具器具備品	3000477	ﾁｪｱ/MZ-04	11	2022/5/20	2022/5/20	223,192	200%定率法	8
9	13000	工具器具備品	3000478	DELL Elite Dragonfly	11	2022/5/12	2022/5/12	180,746	200%定率法	4
10	13000	工具器具備品	3000479	MacBook Pro 2022-1	10	2022/6/2	2022/6/30	296,608	200%定率法	4
11	13000	工具器具備品	3000481	MacBook Pro 2022-2	8	2022/6/2	2022/8/3	296,608	200%定率法	4
12	17000	ソフトウェア	9245101	機能新規開発（UI）	6	2022/10/31	2022/10/31	774,863	定額法	5
13	17000	ソフトウェア	9245102	機能新規開発（SEO改善開発）	6	2022/10/31	2022/10/31	1,185,324	定額法	5
14	17000	ソフトウェア	9245103	機能追加開発（サービスHP）	6	2022/10/25	2022/10/25	1,092,850	定額法	5
15	17000	ソフトウェア	9245104	機能追加開発（収集情報FMA）	6	2022/10/31	2022/10/31	2,179,399	定額法	5
16	17000	ソフトウェア	9245105	機能追加開発（ユーザーUI）	6	2022/10/31	2022/10/31	836,197	定額法	5

・勘定科目－償却方法別に
取得価額を集計した例

	A	B	C	D
1				
2		**勘定科目**	**償却方法**	**取得価額計**
3		⊟ソフトウェア	定額法	6,068,633
4		⊟建物付属設備	200%定率法	33,554,377
5			定額法	217,000
6		⊟工具器具備品	200%定率法	1,164,454
7		**総計**		**41,004,464**

固定資産データはかなりの数のデータ項目があるため，ピボットテーブルを使って必要な項目だけを抜き出すと集計や分析がしやすくなります。

固定資産データは管理項目が非常に多いため，集計作業にかなりの時間を費やしてしまいます。このときピボットテーブルを使って事前に集計項目を設定しておけば，瞬時に処理ができます。

事例③ 勘定科目詳細分析

会計システムの総勘定元帳データでは，たとえばどの部署でどのような経費が使われているか，毎月どのような固定資産を取得しているかなど，会社の取引の詳細を確認することができます。

経理では，「この総勘定元帳データを使って問題のある取引がないか？」「無駄に経費が使われていないか？」といった**取引チェックを行うことがありますが，その際にピボットテーブルが役に立ちます。**

▶会計システムから出力した総勘定元帳をピボットテーブルで集計する例

伝票日付	伝票No	科目コード	科目名	補助科目コード	補助科目名	部門コード	部門名	借方	貸方	残高	相手取引先名	摘要
2023/04/07	16598	60500	通信費	105	ﾈｯﾄ利用料	5020	情報ｼｽﾃﾑ部	412,300	0	412,300	KD株式会社	第1オフィス回線料金
2023/04/15	16622	60500	通信費	101	郵便	0005	第1営業部	2,380	0	414,680	郵政株式会社	配布送付切手代
2023/04/22	16646	60500	通信費	105	ﾈｯﾄ利用料	5020	総務部	345,300	0	759,980	NKK東日本	その他回線料金
2023/04/22	16646	60500	通信費	105	ﾈｯﾄ利用料	5020	総務部	0	34,520	725,460	NKK東日本	金額訂正その他回線料金
2023/04/22	16670	60500	通信費	103	電話料	5020	総務部	150,100	0	875,560	NKK東日本	PO代表電話代
2023/04/30	16694	60500	通信費	999	その他	1140	情報ｼｽﾃﾑ部	117,640	0	993,200	リージャパン株式会社	CreativeCloud利用料
2023/05/10	16718	60500	通信費	105	ﾈｯﾄ利用料	5020	情報ｼｽﾃﾑ部	498,230	0	1,491,430	KD株式会社	第1オフィス回線料金
2023/05/22	16742	60500	通信費	105	ﾈｯﾄ利用料	5020	総務部	805,120	0	2,296,550	NKK東日本	その他回線料金
2023/05/31	16766	60500	通信費	103	電話料	5020	総務部	8,500	0	2,305,050	NKK東日本	PO代表電話代
2023/05/31	16790	60500	通信費	101	郵便	0005	第1営業部	5,000	0	2,310,050	郵政株式会社	配布送付切手代
2023/06/07	16814	60500	通信費	105	ﾈｯﾄ利用料	5020	情報ｼｽﾃﾑ部	553,230	0	2,863,280	KD株式会社	第1オフィス回線料金
2023/06/17	16838	60500	通信費	999	その他	5010	情報ｼｽﾃﾑ部	78,900	0	2,942,180	Qet株式会社	Qet:TeamExtraﾌﾟﾗﾝ利用料金
2023/06/17	16862	60500	通信費	999	その他	1140	情報ｼｽﾃﾑ部	117,640	0	3,059,820	リージャパン株式会社	CreativeCloud利用料
2023/06/30	16886	60500	通信費	105	ﾈｯﾄ利用料	1080	総務部	14,960	0	3,074,780	グローサイン株式会社	電子契約ｻｲﾝ利用料
2023/07/06	16910	60500	通信費	105	ﾈｯﾄ利用料	5020	情報ｼｽﾃﾑ部	453,230	0	3,528,010	KD株式会社	第1オフィス回線料金
2023/07/20	16934	60500	通信費	103	電話料	5020	総務部	8,500	0	3,536,510	NKK東日本	PO代表電話代
2023/07/20	16958	60500	通信費	999	その他	1140	情報ｼｽﾃﾑ部	117,640	0	3,654,150	リージャパン株式会社	CreativeCloud利用料

通信費内訳集計

月	部門名	補助科目名	発生額
4月	情報ｼｽﾃﾑ部	ﾈｯﾄ利用料	412,300
		その他	117,640
	総務部	ﾈｯﾄ利用料	310,780
		電話料	150,100
	第1営業部	郵便	2,380
4月 集計			993,200
5月	情報ｼｽﾃﾑ部	ﾈｯﾄ利用料	498,230
	総務部	ﾈｯﾄ利用料	805,120
		電話料	8,500
	第1営業部	郵便	5,000
5月 集計			1,316,850
6月	情報ｼｽﾃﾑ部	ﾈｯﾄ利用料	553,230
		その他	196,540
	総務部	ﾈｯﾄ利用料	14,960
6月 集計			764,730
7月	情報ｼｽﾃﾑ部	ﾈｯﾄ利用料	453,230
		その他	117,640
	総務部	ﾈｯﾄ利用料	65,450
		電話料	14,110
7月 集計			650,430
総計			**3,725,210**

⚠月別・部門別・補助科目別に費用発生額を集計しています。

左の例では，通信費が発生している部門と発生理由（補助科目）を組み合わせて取引分析ができるようデータを集計しています。このようにピボットテーブルは，さまざまな角度からデータ集計ができるため，詳細な取引内容の分析を行う際にも使えます。

ピボットテーブルは，アイデア次第で活用範囲を広げることができます。今回取り上げた事例以外にも，経理業務でピボットテーブルが使える場面が多くありますので，ぜひ試してみてください。

③　ピボットテーブルの操作方法

ピボットテーブルは基本操作を理解すれば簡単に使えるようになります。

ピボットテーブル設定の流れ

・集計したい「データの任意セル」を選択する。
・メニューにある「挿入」「ピボットテーブル」を選択する。
・「テーブルまたは範囲から」を選択する。
・ピボットテーブルの作成メニューが表示される。
・「表または範囲の選択」で集計対象のデータ範囲を選択する。

▶ピボットテーブルの作成メニュー

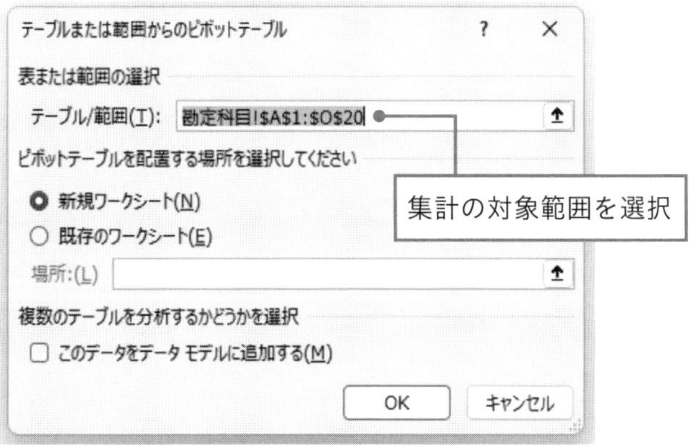

ここで「OKボタン」を押すと，「ピボットテーブルのフィールド」メ

ニューが表示されます。そのメニューに表示された項目から集計したい項目（下図①参照）を「フィルター」「列」「行」「値」のボックス（下図②参照）にドラッグします。

▶ピボットテーブルのフィールド画面

⚠表の「行」を店舗名，数値を集計する「値」を売上金額とした例

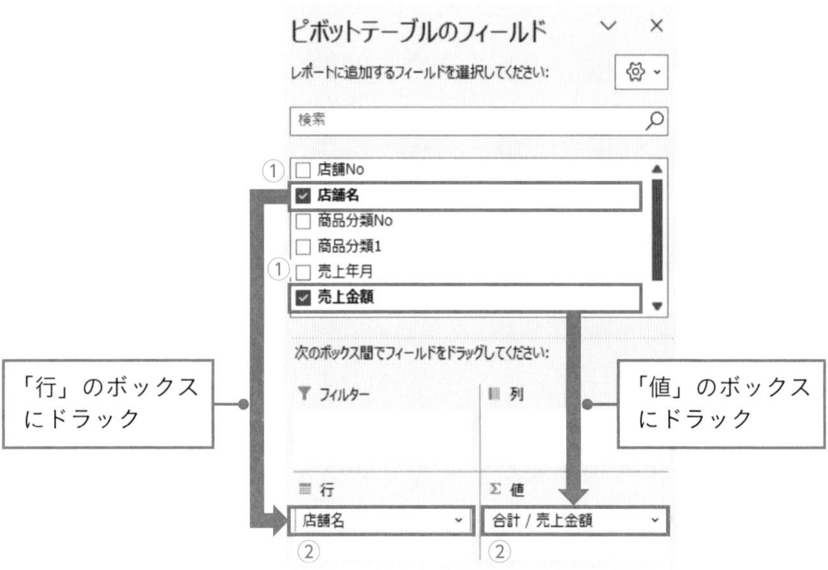

左記のように設定した結果，次のような集計表が出来上がります。

行ラベル	合計 / 売上金額
横浜南店	44,270,500
銀座中央店	61,047,000
桜岡東店	63,924,930
湾岸CS店	43,257,440
総計	**212,499,870**

ピボットテーブルは，難しい数式や関数を使わずドラッグ操作だけでデータ集計ができることから，Excel初心者であっても操作しやすいというメリットがあります。

（２）カメラ機能で資料作成の効率アップ！

経理では，Excelを使って月次業績や決算概況などの報告資料を作成することがあります。このときＡ４やＡ３サイズの枠に業績比較表など複数並べた資料を作成しますが，行や列幅が違う表を１つのシート内で並べるのが難しく，資料のレイアウト設定に苦労します。

▶レイアウト設定に苦労する資料の例

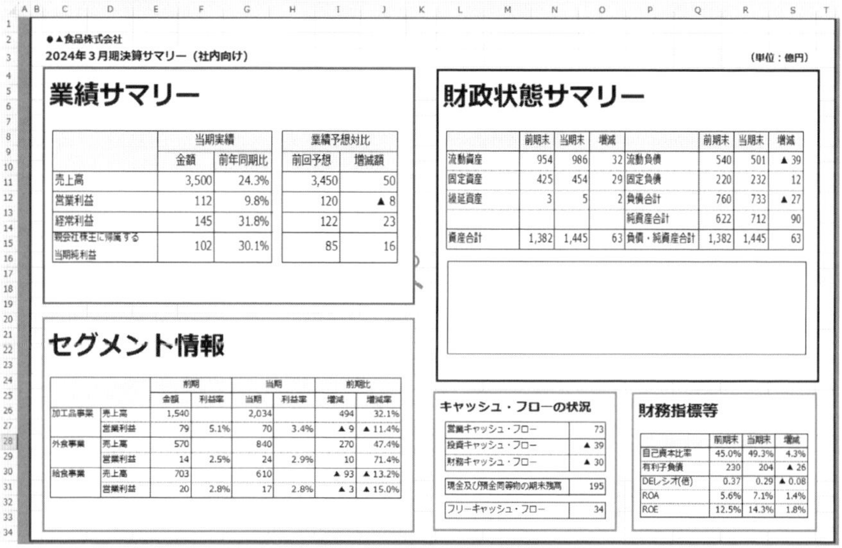

●▲食品株式会社

2024年３月期決算サマリー（社内向け）

（単位：億円）

業績サマリー

	当期実績		業績予想対比	
	金額	前年同期比	前回予想	増減額
売上高	3,500	24.3%	3,450	50
営業利益	112	9.8%	120	▲ 8
経常利益	145	31.8%	122	23
親会社株主に帰属する当期純利益	102	30.1%	85	16

財政状態サマリー

	前期末	当期末	増減		前期末	当期末	増減
流動資産	954	986	32	流動負債	540	501	▲ 39
固定資産	425	454	29	固定負債	220	232	12
繰延資産	3	5	2	負債合計	760	733	▲ 27
				純資産合計	622	712	90
資産合計	1,382	1,445	63	負債・純資産合計	1,382	1,445	63

セグメント情報

		前期		当期		前期比	
		金額	利益率	当期	利益率	増減	増減率
加工品事業	売上高	1,540		2,034		494	32.1%
	営業利益	79	5.1%	70	3.4%	▲ 9	▲ 11.4%
外食事業	売上高	570		840		270	47.4%
	営業利益	14	2.5%	24	2.9%	10	71.4%
給食事業	売上高	703		610		▲ 93	▲ 13.2%
	営業利益	20	2.8%	17	2.8%	▲ 3	▲ 15.0%

キャッシュ・フローの状況

営業キャッシュ・フロー	73
投資キャッシュ・フロー	▲ 39
財務キャッシュ・フロー	▲ 30
現金及び預金同等物の期末残高	195
フリーキャッシュ・フロー	34

財務指標等

	前期末	当期末	増減
自己資本比率	45.0%	49.3%	4.3%
有利子負債	230	204	▲ 26
DEレシオ(倍)	0.37	0.29	▲ 0.08
ROA	5.6%	7.1%	1.4%
ROE	12.5%	14.3%	1.8%

このような行列幅が合わない表を１つのシートにまとめて資料を作成する場合に，「カメラ機能」が役に立ちます。

①　カメラ機能とは

カメラ機能とは，**指定したセル範囲を別のセルに図として貼り付けることができる機能**です。セルの行列幅に関係なく，別のセルやシートに図として貼り付けすることができるため，報告資料の作成などで重宝します。

また，指定したセル範囲と図は連携されており，元のセル範囲の値を変更すれば同時に図の値も変更されるため，非常に使い勝手が良い機能です。

②　カメラ機能を設定する

カメラ機能は，いつでも使えるように「クイックアクセスツールバー」へ表示するとよいでしょう。

カメラ機能設定方法

・Excel の左上にある「クイックアクセスツールバーのユーザー設定」→「その他コマンド」を選択する。
・「コマンドの選択」→「リボンにないコマンド」→「カメラ」を選択する。
・「追加」ボタンを押す。
・クイックアクセスツールバーにカメラマークが表示されたことを確認。

これで，「クイックアクセスツールバー」にカメラ機能表示されて使う準備が整いました。

③　カメラ機能を使う

ここからは，具体的なカメラ機能の使い方を確認していきます。

例として，各シートで作成した表をカメラ機能で図に変換し，それを組み合わせて１つの資料にします。

図に変換する範囲を決める

まず，カメラ機能で図に変換したいセルの範囲を選択し，カメラのアイコンを押します。

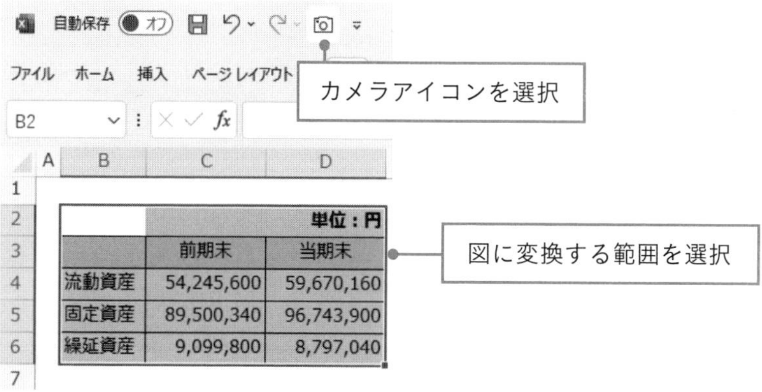

●図の貼り付け場所を選択

次に，カメラ機能で作成する図をどこに貼り付けするか指定します。ここでは「＋」の箇所に図を貼り付けます。

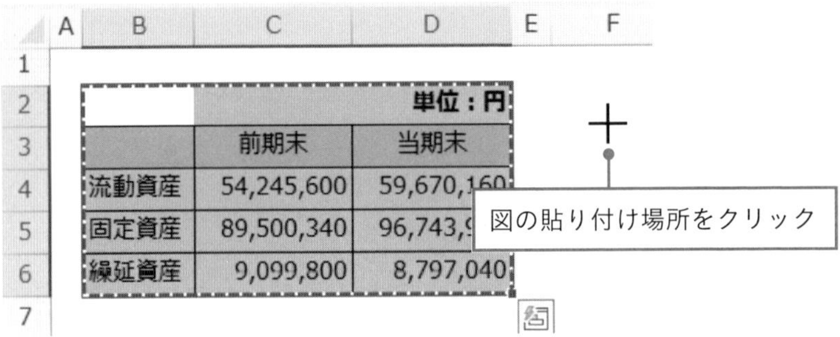

●カメラ機能で図が作成される

カメラ機能で指定したセルの範囲が図として貼り付けられます。

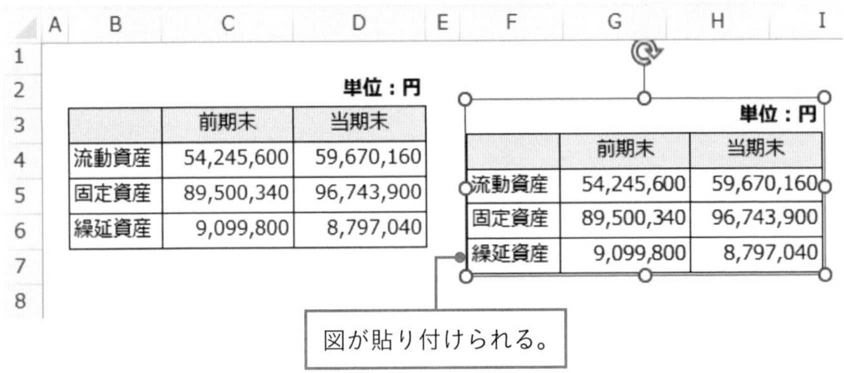

●カメラ機能を活用した決算報告資料例

このカメラ機能を活用すれば，行列の幅が異なる表を組み合わせて報告資料を作成することもできます。

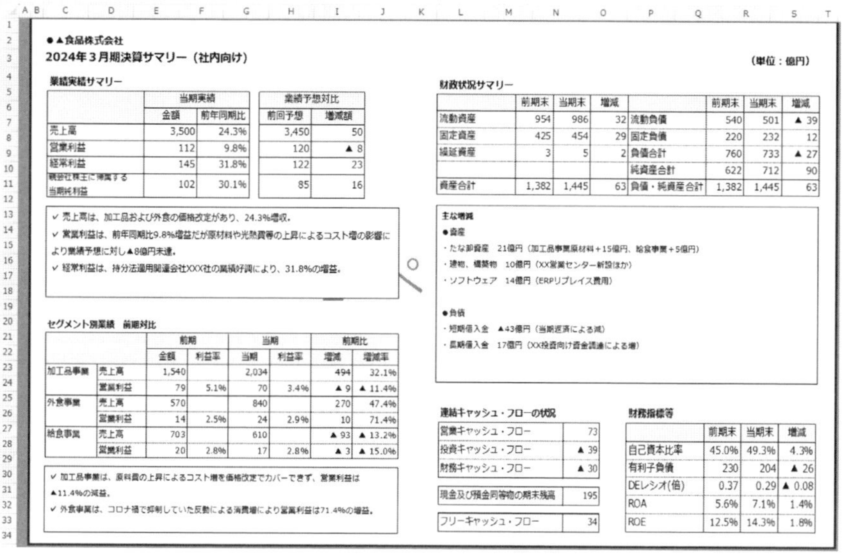

●▲食品株式会社

2024年３月期決算サマリー（社内向け）

（単位：億円）

業績実績サマリー

	当期実績		業績予想対比	
	金額	前年同期比	前回予想	増減額
売上高	3,500	24.3%	3,450	50
営業利益	112	9.8%	120	▲ 8
経常利益	145	31.8%	122	23
親会社株主に帰属する当期純利益	102	30.1%	85	16

✓ 売上高は、加工品および外食の価格改定があり、24.3%増収。
✓ 営業利益は、前年同期比9.8%増益だが原材料や光熱費等の上昇によるコスト増の影響により業績予想に対し▲8億円未達。
✓ 経常利益は、持分法適用関連会社XXX社の業績好調により、31.8%の増益。

セグメント別業績　前期対比

		前期		当期		前期比	
		金額	利益率	当期	利益率	増減	増減率
加工品事業	売上高	1,540		2,034		494	32.1%
	営業利益	79	5.1%	70	3.4%	▲ 9	▲ 11.4%
外食事業	売上高	570		840		270	47.4%
	営業利益	14	2.5%	24	2.9%	10	71.4%
給食事業	売上高	703		610		▲ 93	▲ 13.2%
	営業利益	20	2.8%	17	2.8%	▲ 3	▲ 15.0%

✓ 加工品事業は、原料費の上昇によるコスト増を価格改定でカバーできず、営業利益は▲11.4%の減益。
✓ 外食事業は、コロナ禍で抑制していた反動による消費増により営業利益は71.4%の増益。

財政状況サマリー

	前期末	当期末	増減		前期末	当期末	増減
流動資産	954	986	32	流動負債	540	501	▲ 39
固定資産	425	454	29	固定負債	220	232	12
繰延資産	3	5	2	負債合計	760	733	▲ 27
				純資産合計	622	712	90
資産合計	1,382	1,445	63	負債・純資産合計	1,382	1,445	63

主な増減
●資産
・たな卸資産　21億円（加工品事業原材料＋15億円、給食事業＋5億円）
・建物、構築物　10億円（XX営業センター新設ほか）
・ソフトウェア　14億円（ERPリプレイス費用）

●負債
・短期借入金　▲43億円（当期返済による減）
・長期借入金　17億円（XX投資向け資金調達による増）

連結キャッシュ・フローの状況

営業キャッシュ・フロー	73
投資キャッシュ・フロー	▲ 39
財務キャッシュ・フロー	▲ 30
現金及び預金同等物の期末残高	195
フリーキャッシュ・フロー	34

財務指標等

	前期末	当期末	増減
自己資本比率	45.0%	49.3%	4.3%
有利子負債	230	204	▲ 26
DEレシオ(倍)	0.37	0.29	▲ 0.08
ROA	5.6%	7.1%	1.4%
ROE	12.5%	14.3%	1.8%

（3）マクロ記録機能を使ったオリジナルショートカットキー

Excelを利用していると，データをコピーし，「値のみ貼り付け」や「数式のみ貼り付け」するといった操作を頻繁に行います。この時，マウスで「右クリック→形式を選択して貼り付け→数式または値」を選ぶといった操作するのは非常に面倒です。

そこでショートカットキーを使おうと思っても，値の貼り付けは「 Alt ＋ E ＋ S ＋ V ＋ Enter 」と非常に長いキーを覚えて操作しなければならず大変です。

このような面倒な操作は，マクロの記録機能を使って**オリジナルショートカットキーを設定する**ことで改善できます。

①　マクロの記録機能とは

Excelのマクロは，**手作業で行う複数の操作をまとめて自動実行できる機能**です。そして，マクロの記録機能とは実際に操作した内容をそのまま記録する機能です。

この機能で記録した複数の操作は，ボタン１つで実行できるため，作業が時短できます。

②　オリジナルショートカットキーの設定方法

マクロの記録機能を使えば，「値のみ貼り付け」や「数式のみ貼り付け」の操作を記録して，簡単にその操作を実行できます。具体的には「値のみ貼り付け」や「数式のみ貼り付け」の操作を，オリジナルのショートカットキーに記録して使います。

このマクロ記録機能を使うには事前の準備が必要です。

●マクロ記録機能の事前準備

マクロの記録機能を使うためには，次の流れで「開発」タブを表示します。

・クイックアクセスツールバーから「その他のコマンド」を選択する。
・リボンのユーザー設定から「開発」タブを選択する。
・メニューに「開発」タブが表示される。

ここで最初の画面に戻ると，メニューに「開発」タブが表示されます。これでマクロの記録機能を使うための準備が整いました。

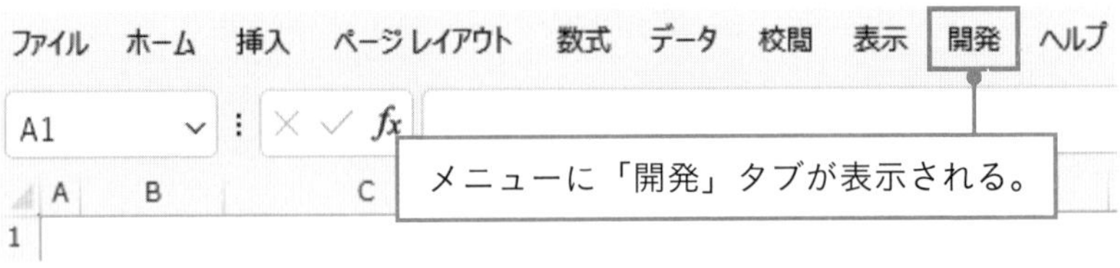

●ショートカットキーの設定

ここからは，実際にマクロの記録機能を使って「値貼り付け」の操作を例にショートカットキーを設定していきます。

なお，「数式貼り付け」も同様の方法で記録できます。

●セルを選んで「コピー」の操作を行う

まずはどのセルでもよいのでセルを選択し，右クリックからコピーを選びます。

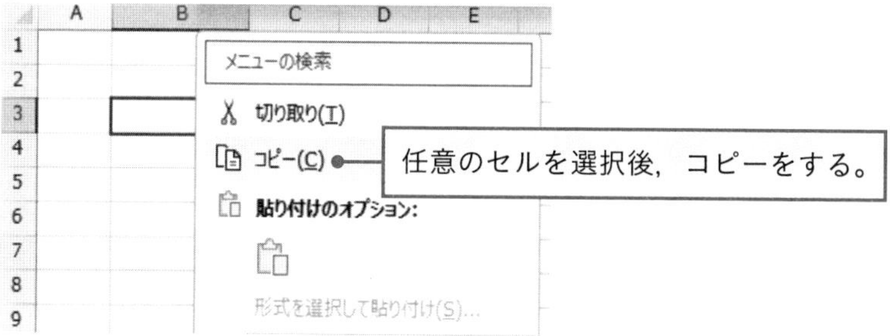

●「開発」タブにある「マクロの記録」を押す

次にメニューに表示された「開発」タブを選択すると，「マクロの記録」という項目が表示されるので，これを選択します。

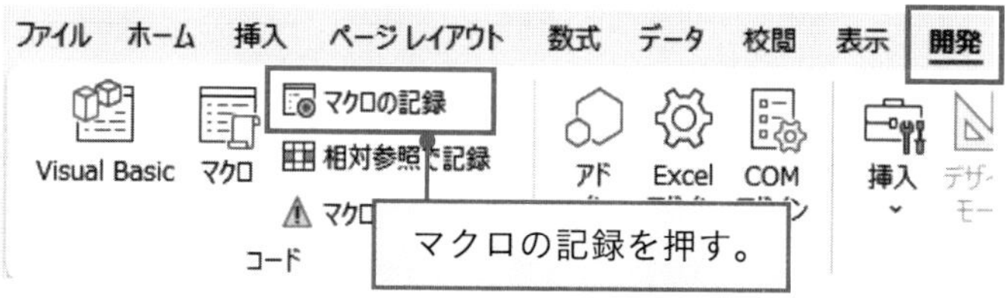

●「マクロの記録」ボックスに必要事項を入力

「マクロの記録」を選択すると，ボックスが表示され，以下のとおりに必要事項を入力します。

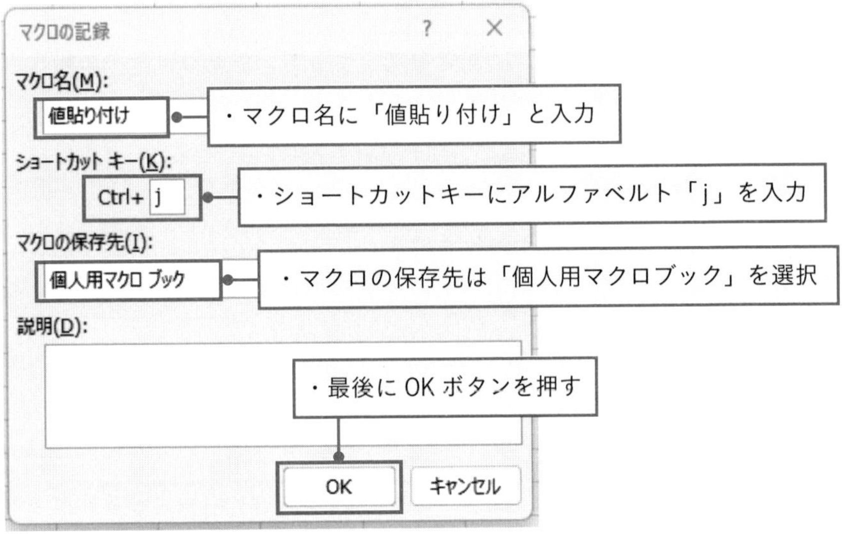

⚠Excelでショートカットに割り当てられていないキーは「j」「m」の２つです。そのため「j」を値貼り付け，「m」を数式貼り付けに設定する方法がおすすめです。

●同じセルで右クリックして「値貼り付け」の操作を行う

最初にコピーをした時と同じセルを右クリックし，表示されたメニューの中から「値貼り付け」を実行します。

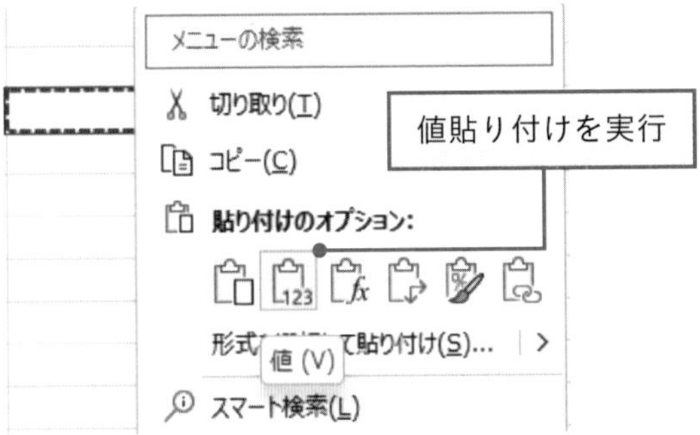

●記録終了のボタンを押す

最後に，「開発」タブにある「記録終了」を押します。これで，値貼り付けのショートカットキーの設定は終了です。

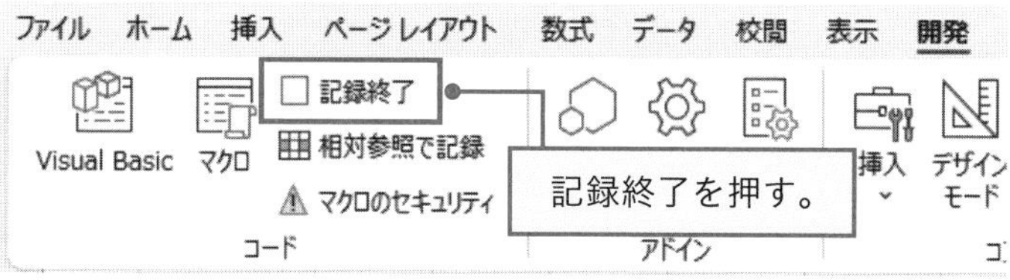

●実際にショートカットキーを使う

マクロの記録機能を使った値貼り付けのショートカットキーの作成ができたら，実際に使ってみます。

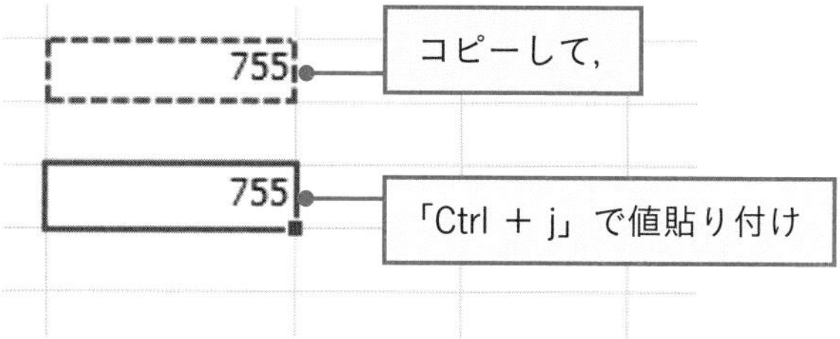

マクロの記録機能で，値貼り付けのショートカットキーを「 Ctrl ＋ j 」と設定しました。これにより，数式をコピーして「 Ctrl ＋ j 」を押せば，値だけが貼り付けられることになります。

Column

経理でExcelマクロ・VBAは使われている？

Excelマクロとは Excelの操作を自動化できる機能です。高度なプログラミングの知識が不要で，繰り返し行う作業をマクロ機能で記録すれば，ボタン1つでその作業が自動で行えるようになります。このマクロと混同してしまうのがExcel VBAです。こちらは，Excelで利用できるプログラミング言語で，実際にプログラムを書いてExcel操作を自動処理するものです。

経理の仕事ではExcelを使って，毎回同じ作業を繰り返す場合があります。このような繰り返し作業は，ExcelのマクロやVBAを使えば，時間をかけずに自動で行ってくれるので，ぜひ経理業務でも取り入れたいところです。

うまく活用している現場は，経理チームの中でもITに強いメンバーが中心となり，Excel資料にマクロやVBAを加えて作業効率化を進めています。一方，全く使っていない現場は，そもそもExcelにそのような機能があることを知らなかったり，専門性が高いため，使用自体を禁止していたりする企業もあります。

私自身，ExcelマクロやVBAを活用して，会計システムの合計残高試算表データから会社法の計算書類を自動で作成するというファイルや，原価計算を半自動で行うファイルなどを作成し，作業を自動化してきました。これにより作業工数が大きく削減するという効果をもたらしましたが，同時にそのファイルの維持メンテナンスを引継ぎできる相手がいないという問題も発生しました。

経理では，Excelマクロ・VBAを使うことで作業工数の削減や業務効率化を実現することが可能です。その一方で，プログラミング言語を覚える必要があるなど，ハードルも高く，業務自体が属人化してしまう可能性もあります。そのため，Excelマクロ・VBAを使うか否かの議論がたびたびもち上がりますが，誰もが納得できる明確な答えが出ることはありません…。

第7章

経理の仕事に役立つ！

使いやすいExcelの表を作成する方法

実践編

わかりやすいと思えるExcelの表，どうやって作ればいい？

ほかの人が作成したExcelの表が使いづらい…使いやすい表の作り方ってあるの？

表を作成するのに時間がかかってしまう…効率よく表を作成する方法はないの？

1　Excelで作成する表の実態

経理の仕事では，Excelを使って会計システムのデータを集計し，表にまとめるといった作業を頻繁に行っています。この表は会議などの資料として社内外の関係者に提供されたり，決算資料として経理チーム内で共有されたりします。

たとえば次のような表をExcelで作成します。

Excelで作成される表の例

・固定資産明細表
・借入金返済予定表
・得意先別売上一覧表
・過去業績推移表
・事業別月次業績比較表
・連結精算表

これはほんの一例ですが，月次決算や年次決算においてさまざまなデータの集計表や業績の比較表などがExcelで作成され，これらの表は，企業の業績報告や決算数値算出に使われます。しかし，そもそも表が見づらいと，その表から得られる情報が何かを理解できず，表を見た人は困惑してしまいます。また，複雑でデータが整理されていない表は，計算ミスが起きてしまう可能性も高いです（あまりにもひどい場合は関係者からのクレームにもつながり，その結果，修正に作業に時間を要してしまいかねません）。

経理パーソンは，内容がすぐに理解できるわかりやすい表を作成することが求められますが，**具体的にどのような点に気をつけて表を作成すればよいのか**悩ましいところです。この章では，その方法について詳しく解説していきます。

2　わかりやすい表を作成する６つの方法

具体的には，次の６つの方法を実践しましょう。

■ わかりやすい表を作成する６つの方法 ■

① 表の色分けをする。
② 表にオートフィルターを設定する。
③ 「１行目とＡ列」を余白にして表を作成する。
④ ウィンドウ枠の固定機能を利用する。
⑤ 合計欄を表の上に設置する。
⑥ グループ化機能を活用する。

これらの６つの方法を使うことで，今までより断然わかりやすいExcelの表を作成することができ，計算ミスも防ぐことができます。

（1）表の色分けをする　第２章を実践！

わかりやすい表を作るには，セルの色の使い方に気をつける必要があります。実際のところ，色の使い方１つでExcelの表のわかりやすさ，さらに見やすさが大きく異なってきます。

特に，次のような色使いは，表がわかりづらくなるため注意が必要です。

・派手な色（ドギツイ赤色やピンク，黄色など）を使う。
・複数の色を使いすぎる。
・まったく色を使わない。

こうした問題を解決するには「**目的に応じて使う色を限定する**」必要があります。たとえば，表の項目ごとに使う色を決めます。

表の３つの項目ごとに使う色を決める。
・表の見出し　＝薄い緑色
・合計項目　　＝黄色
・手入力セル　＝水色

3つの項目ごとに色分けした表の例

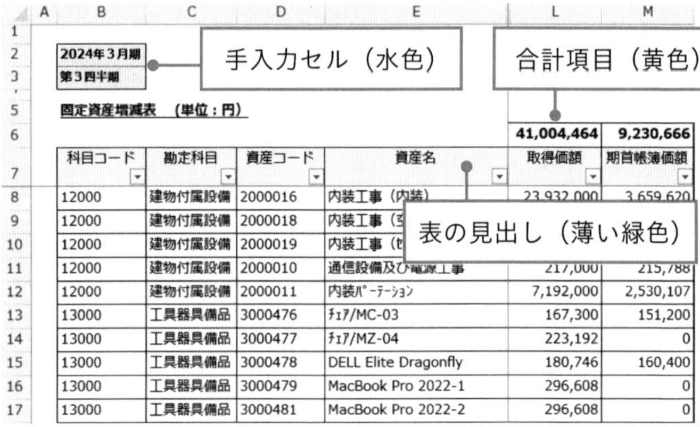

科目コード	勘定科目	資産コード	資産名	取得価額	期首帳簿価額
				41,004,464	9,230,666
12000	建物付属設備	2000016	内装工事（内装）	23,932,000	3,659,620
12000	建物付属設備	2000018	内装工事（空		
12000	建物付属設備	2000019	内装工事（セ		
12000	建物付属設備	2000010	通信設備及び電源工事	217,000	215,788
12000	建物付属設備	2000011	内装ﾊﾟｰﾃｰｼｮﾝ	7,192,000	2,530,107
13000	工具器具備品	3000476	ﾁｪｱ/MC-03	167,300	151,200
13000	工具器具備品	3000477	ﾁｪｱ/MZ-04	223,192	0
13000	工具器具備品	3000478	DELL Elite Dragonfly	180,746	160,400
13000	工具器具備品	3000479	MacBook Pro 2022-1	296,608	0
13000	工具器具備品	3000481	MacBook Pro 2022-2	296,608	0

項目ごとに使う色を限定し，派手な色は使わなかった結果が上の例になります。本書では色の判断はできませんが，実際には各項目に，文字がハッキリ見える薄めの色を使います。

実際の経理業務では，一部の項目を目立たせるために派手なピンクや赤色といった濃い色を使っているために文字が色と被ってしまい非常に見づらい表が作成されていることもよくあります。表を作成した本人は気づかないかもしれませんが，作成された表を見る側にとっては非常に見づらいと感じますので注意してください。

表の項目ごとに使う色を決めて，それをルール化して運用すると，経理チーム内で作成した表の統一感を図ることができます。その上，表を作成するたびにどの色を使えばいいか考える時間も必要なくなりますので，ちょっとした時短にもなります。

また，入力によりデータを更新する箇所を色分けしておくと，同じExcelファイルを毎回コピーして使う場合に，どの箇所を手入力してデータ更新をすればよいかが色をみるだけでわかるため，表を作成する人にとっても親切で使いやすいと感じられます。

このように色の使い方を変えるだけで，非常にわかりやすいExcelの表が作成できます。

(２) 表にフィルターを設定する

フィルター機能とは，**表にあるデータの中から，条件に合うデータだけを抽出して表示する機能**です。必要なデータだけを表示したい場合は，このフィルター機能が役に立ちます。

経理では，Excelで作成した表の中から「一部の勘定科目だけのデータを表示したい」，「○○円以上の金額だけを表示したい」などの条件に応じてデータを表示させることがあります。このとき，表にフィルターを設定しておけば，簡単な操作で条件に見合うデータを表示させることができるので，Excelで表を使う際にはぜひ設定しておきたいところです。

●フィルターの設定方法

フィルター機能を使いたい表見出しの範囲を選択し，ホームタブの「並べ替えとフィルター」から「フィルター」を適用することで設定できます。

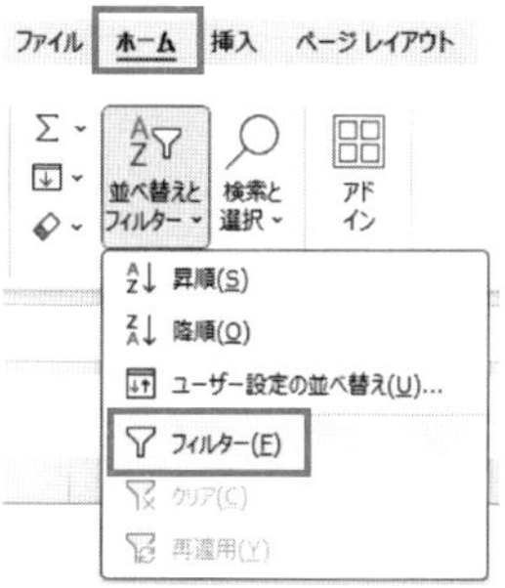

●条件に合うデータを選択・表示

フィルターが設定できたら，表の各項目にある▼から条件に合うデータを選択・表示することができます。たとえば，勘定科目を条件とする場合は以下のようになります。

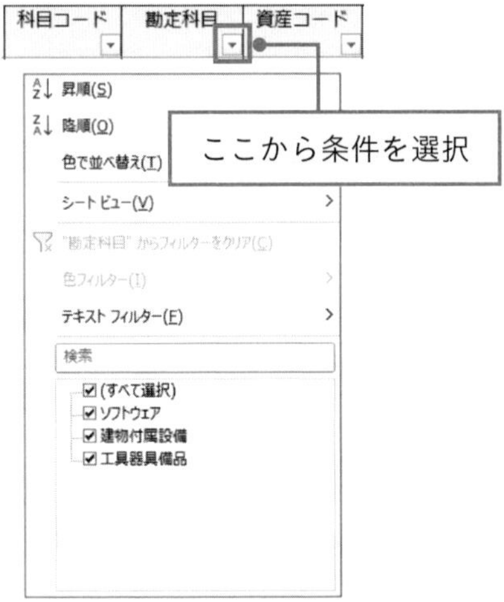

フィルターでは，条件に見合うデータの表示のみならず，昇順・降順などのデータの並べ替えもできるため，効率よく表を扱えます。

(3)「1行目とA列」を余白にして表を作成する

Excelの表は「1行目とA列」を余白にしておくと，見栄えが良くなります。実際に余白がない表と，余白がある表を比べてみると一目瞭然です。

次頁の上表では，1行目やA列の表の罫線が見えません。また圧迫感もあり見づらい表となってしまいます。一方，次頁の下表では，1行目とA列の表の罫線が見えることで，表全体の範囲がわかり，見やすくなります。また，見た目の圧迫感もなくなります。

ちょっとしたことと思われるかもしれませんが，こうした工夫一つでExcelの表が見やすくなります。

▶「１行目とＡ列」に余白がない場合

余白がなく表の罫線が見えない。

	A	B	C	D	K
1	**2024年３月期**				
2	**第３四半期**				
3					
4	**固定資産増減表　（単位：円）**				
5					**41,004,464**
6	科目コード	勘定科目	資産コード	資産名	取得価額
7	12000	建物付属設備	2000016	内装工事（内装）	23,932,000
8	12000	建物付属設備	2000018	内装工事（空調）	2,126,577
9	12000	建物付属設備	2000019	内装工事（ｾｷｭﾘﾃｨ工事）	303,800
10	12000	建物付属設備	2000010	通信設備及び電源工事	217,000
11	12000	建物付属設備	2000011	内装ﾊﾟｰﾃｰｼｮﾝ	7,192,000
12	13000	工具器具備品	3000476	ﾁｪｱ/MC-03	167,300
13	13000	工具器具備品	3000477	ﾁｪｱ/MZ-04	223,192
14	13000	工具器具備品	3000478	DELL Elite Dragonfly	180,746
15	13000	工具器具備品	3000479	MacBook Pro 2022-1	296,608
16	13000	工具器具備品	3000481	MacBook Pro 2022-2	296,608
17	17000	ソフトウェア	9245101	機能新規開発（UI）	774,863

▶「１行目とＡ列」に余白がある場合

余白があり，表全体の範囲がわかる。

	A	B	C	D	E	L
1						
2		**2024年３月期**				
3		**第３四半期**				
4						
5		**固定資産増減表　（単位：円）**				
6						**41,004,464**
7		科目コード	勘定科目	資産コード	資産名	取得価額
8		12000	建物付属設備	2000016	内装工事（内装）	23,932,000
9		12000	建物付属設備	2000018	内装工事（空調）	2,126,577
10		12000	建物付属設備	2000019	内装工事（ｾｷｭﾘﾃｨ工事）	303,800
11		12000	建物付属設備	2000010	通信設備及び電源工事	217,000
12		12000	建物付属設備	2000011	内装ﾊﾟｰﾃｰｼｮﾝ	7,192,000
13		13000	工具器具備品	3000476	ﾁｪｱ/MC-03	167,300
14		13000	工具器具備品	3000477	ﾁｪｱ/MZ-04	223,192
15		13000	工具器具備品	3000478	DELL Elite Dragonfly	180,746
16		13000	工具器具備品	3000479	MacBook Pro 2022-1	296,608
17		13000	工具器具備品	3000481	MacBook Pro 2022-2	296,608

（4）ウィンドウ枠の固定機能を利用する

経理では，縦横に複数のデータが並ぶ長い表を作成することがあります。このような表は，スクロールしたときに表の見出しが画面から外れることもしばしばあります。

▶見出しが見えなくなってしまった状態の表

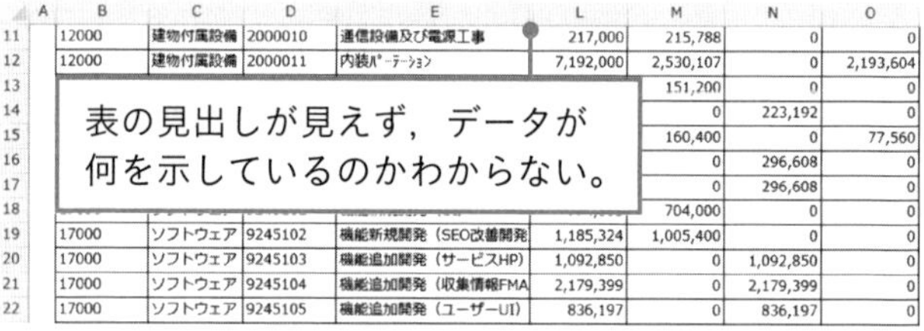
表の見出しが見えず，データが
何を示しているのかわからない。

	A	B	C	D	E	L	M	N	O
11		12000	建物付属設備	2000010	通信設備及び電源工事	217,000	215,788	0	0
12		12000	建物付属設備	2000011	内装ﾊﾟｰﾃｰｼｮﾝ	7,192,000	2,530,107	0	2,193,604
13							151,200	0	0
14							0	223,192	0
15							160,400	0	77,560
16							0	296,608	0
17							0	296,608	0
18							704,000	0	0
19		17000	ソフトウェア	9245102	機能新規開発（SEO改善開発	1,185,324	1,005,400	0	0
20		17000	ソフトウェア	9245103	機能追加開発（サービスHP）	1,092,850	0	1,092,850	0
21		17000	ソフトウェア	9245104	機能追加開発（収集情報FMA	2,179,399	0	2,179,399	0
22		17000	ソフトウェア	9245105	機能追加開発（ユーザーUI）	836,197	0	836,197	0

このような状況の場合，今，表示されているデータが何を示しているのかを確認するために，わざわざ見出しが表示されているセルに戻らなければなりません。こうした手間を回避するには，**表の見出しを常に見える状態する「ウィンドウ枠の固定機能」を利用する**とよいでしょう。

このウィンドウ枠の固定機能を使えば，任意の行や列を固定し，常に一定のセル（ここでは表の見出し）を表示させることができます。

▶ウィンドウ枠の固定機能を使った状態の表

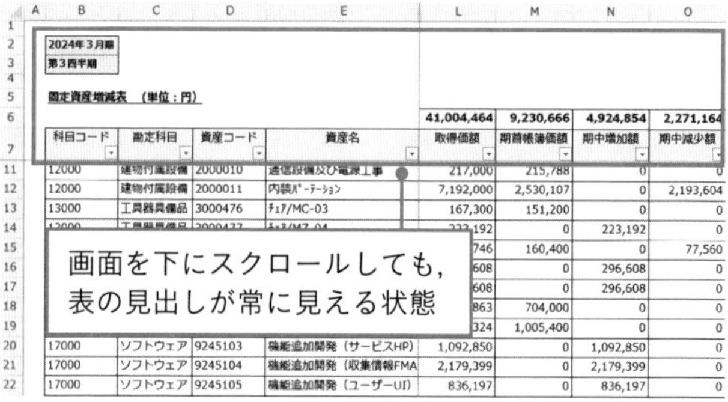
画面を下にスクロールしても，
表の見出しが常に見える状態

	A	B	C	D	E	L	M	N	O
1									
2		2024年3月期							
3		第3四半期							
4									
5		固定資産増減表　（単位：円）							
6						41,004,464	9,230,666	4,924,854	2,271,164
7		科目コード	勘定科目	資産コード	資産名	取得価額	期首帳簿価額	期中増加額	期中減少額
11		12000	建物付属設備	2000010	通信設備及び電源工事	217,000	215,788	0	0
12		12000	建物付属設備	2000011	内装ﾊﾟｰﾃｰｼｮﾝ	7,192,000	2,530,107	0	2,193,604
13		13000	工具器具備品	3000476	ﾁｪｱ/MC-03	167,300	151,200	0	0
14						192	0	223,192	0
15						746	160,400	0	77,560
16						608	0	296,608	0
17						608	0	296,608	0
18						863	704,000	0	0
19						324	1,005,400	0	0
20		17000	ソフトウェア	9245103	機能追加開発（サービスHP）	1,092,850	0	1,092,850	0
21		17000	ソフトウェア	9245104	機能追加開発（収集情報FMA	2,179,399	0	2,179,399	0
22		17000	ソフトウェア	9245105	機能追加開発（ユーザーUI）	836,197	0	836,197	0

このウィンドウ枠の設定方法は，常に表示させたい行の下と列の横のセルを選択したのち，表示タブの「ウィンドウ枠の固定」を選択するだけです。

▶ウィンドウ枠の固定を選択

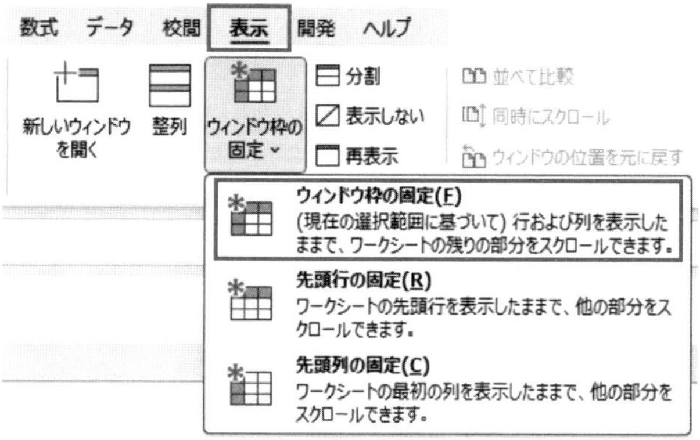

この機能は，**表を使いやすくするために必須**といえます。表を作成した人も，その表を使う人も役に立つので，必ず設定しましょう。

(5) 合計欄を表の上に設置する

一般的な表では「合計」を表の一番下に設置しますが，わかりやすい表を作成するために，**「合計」を表の上に設置する**という方法もあります。

この「合計」を表の上に置くメリットは次のとおりです。

- 表の中で重要な「合計」の表示場所がすぐにわかる。
- 「合計」を確認するために，表の下までスクロールする必要がない。

実際に，合計を表の上に作った場合のサンプルを確認してみます。

▶表の上に合計を設置する例

2024年3月期
第3四半期

固定資産増減表　（単位：円）

科目コード	勘定科目	資産コード	資産名	取得価額	期首帳簿価額	期中増加額	期中減少額	当期償却額	期末帳簿価額	償却累計額
				41,004,464	9,230,666	4,924,854	2,271,164	3,306,792	8,577,564	25,054,152
12000	建物付属設備	2000016	内装工事（内装）	23,9[illegible]2,000	3,659,620	0	0	1,829,808	1,829,812	22,102,187
12000	建物付属設備	2000018	内装工事（空調）	2,1[illegible]6,577	756,865	0	0	100,661	656,204	1,470,374
12000	[illegible]	[illegible]	[illegible]	[illegible]	47,286	0	0	23,643	23,643	280,156
12000	[illegible]	[illegible]	[illegible]	[illegible]	215,788	0	0	14,539	201,249	15,750
12000	[illegible]	[illegible]	[illegible]	[illegible]	530,107	0	2,193,604	336,503	0	0
13000	工具器具備品	3000476	ﾁｪｱ/MC-03	167,300	151,200	0	0	38,339	112,861	54,439
13000	工具器具備品	3000477	ﾁｪｱ/MZ-04	223,192	0	223,192	0	51,147	172,045	51,147
13000	工具器具備品	3000478	DELL Elite Dragonfly	180,746	160,400	0	77,560	82,840	0	0
13000	工具器具備品	3000479	MacBook Pro 2022-1	296,608	0	296,608	0	123,585	173,023	123,585
13000	工具器具備品	3000481	MacBook Pro 2022-2	296,608	0	296,608	0	98,868	197,740	98,868
17000	ソフトウェア	9245101	機能新規開発（UI）	774,863	704,000	0	0	77,486	626,514	148,349
17000	ソフトウェア	9245102	機能新規開発（SEO改善開発）	1,185,324	1,005,400	0	0	118,531	886,869	298,455
17000	ソフトウェア	9245103	機能追加開発（リービスHP）	1,092,850	0	1,092,850	0	109,284	983,566	109,284
17000	ソフトウェア	9245104	機能追加開発（収集情報FMA）	2,179,399	0	2,179,399	0	217,939	1,961,460	217,939
17000	ソフトウェア	9245105	機能追加開発（ユーザーUI）	836,197	0	836,197	0	83,619	752,578	83,619

表の上に合計を設置している。

表の上に合計を設置すれば，スクロールやショートカットをせずとも，金額がすぐにわかります。

さらに，ウィンドウ枠の固定を使えば，常に合計のセルが表示さるので，いつでも合計額のチェックができます。

加えて，ここで合計を求めるときに，ぜひやっておきたいのが「SUBTOTAL」関数を使うことです。

「SUBTOTAL」関数とは，合計や個数などのさまざまな集計値を求めるExcel関数です。

表を利用する場合，フィルター機能を使って必要なデータだけを表示することがあります。このとき，合計を求める関数が「SUM」であると，非表示となっているデータの金額も計算されてしまいますが，「SUBTOTAL」を使うと，表示されているデータの金額だけを計算できます。

▶SUBTOTAL関数の形

・SUBTOTAL（集計方法，参照範囲）

▶「SUBTOTAL」関数を使って合計を計算する場合

＝SUBTOTAL（109,L7:L23)

2024年３月期
第３四半期

固定資産増減表　（単位：円）

科目コード	勘定科目	資産コード	資産名	取得価額	期首帳簿価額
				33,771,377	7,209,666
12000	建物付属設備	2000016	内装工事（内装）	23,932,000	3,659,620
12000	建物付属設備	2000018	内装工事（空調）	2,126,577	756,865
12000	建物付属設備	2000019	内装工事（ｾｷｭﾘﾃｨ工事）	303,800	47,286
12000	建物付属設備	2000010	通信設備及び電源工事	217,000	215,788
12000	建物付属設備	2000011	内装ﾊﾟｰﾃｰｼｮﾝ	7,192,000	2,530,107

⚠フィルターで表示指定した勘定科目「建物付属設備」だけの合計が計算されます。

なお，SUBTOTAL関数ではさまざまな集計方法を指定できますが，一般的な表の作成では合計を計算することがほとんどであるため，次の合計を求める集計方法を理解していれば問題ありません。

・SUBTOTAL（集計方法，参照範囲）

集計方法を「109」とすれば，フィルターやグループ化で非表示の金額を除いて集計されます。

（6）グループ化機能を活用する　第３章を実践！

経理で作成する表は，会計関連システムから出力したデータを使って作成する場合が多いため，どうしても表のデータ項目が多くなりがちです。

表を作成する側としては，表に記載の全データ項目が必要かもしれませんが，ほかの経理チームメンバーや社外関係者にとっては，「表で集計された結果だけを確認したい」，「表で重要となる項目だけを見ておきたい」といった要望もあります。

そこで，不要な列だけをグループ化機能を使って非表示にします。

▶ グループ化機能で表を見やすくする

〈グループ化の前〉

2024年3月期
第3四半期

固定資産増減表　（単位：円）

科目コード	勘定科目	資産コード	資産名	使用月数	取得日	供用日	償却方法	耐用年数	償却率	取得価額	期首帳簿価額
										41,004,464	9,230,666
12000	建物付属設備	2000016	内装工事（内装）	12	2014/12/31	2014/12/31	200%定率法	10	0.200	23,932,000	3,659,620
12000	建物付属設備	2000018	内装工事（空調）	12	2014/12/31	2015/1/31	200%定率法	15	0.133	2,126,577	756,865
12000	建物付属設備	2000019	内装工事（ｾｷｭﾘﾃｨ工事）	12	2014/12/31	2015/1/31	200%定率法	10	0.200	303,800	47,286
12000	建物付属設備	2000010	通信設備及び電源工事	12	2022/3/27	2022/3/27	定額法	15	0.067	217,000	215,788
12000	建物付属設備	2000011	内装ﾊﾟｰﾃｰｼｮﾝ	12	2014/12/31	2014/12/31	200%定率法	15	0.133	7,192,000	2,530,107
13000	工具器具備品	3000476	ﾁｪｱ/MC-03	11	2022/5/9	2022/5/9	200%定率法	8	0.250	167,300	151,200
13000	工具器具備品	3000477	ﾁｪｱ/MZ-04	11	2022/5/20	2022/5/20	200%定率法	8	0.250	223,192	0
13000	工具器具備品	3000478	DELL Elite Dragonfly	11	2022/5/12	2022/5/12	200%定率法	4	0.500	180,746	160,400
13000	工具器具備品	3000479	MacBook Pro 2022-1	10	2022/6/2	2022/6/30	200%定率法	4	0.500	296,608	0
13000	工具器具備品	3000481	MacBook Pro 2022-2	8	2022/6/2	2022/8/3	200%定率法	4	0.500	296,608	0
17000	ソフトウェア	9245101	機能新規開発（UI）	6	2022/10/31	2022/10/31	定額法	5	0.200	774,863	704,000
17000	ソフトウェア	9245102	機能新規開発（SEO改善開発	6	2022/10/31	2022/10/31	定額法	5	0.200	1,185,324	1,005,400
17000	ソフトウェア	9245103	機能追加開発（サービスHP）	6	2022/10/25	2022/10/25	定額法	5	0.200	1,092,850	0

〈グループ化の後〉

2024年3月期
第3四半期

固定資産増減表

各固定資産の詳細情報の列（F から K 列）をグループ化して列を非表示にし，常に確認する固定資産の数値情報だけを表示

科目コード	勘定科目	資産コード	資産名	取得価額	期首帳簿価額
12000	建物付属設備	2000016	内装工事（内装）	23,932,000	3,659,620
12000	建物付属設備	2000018	内装工事（空調）	2,126,577	756,865
12000	建物付属設備	2000019	内装工事（ｾｷｭﾘﾃｨ工事）	303,800	47,286
12000	建物付属設備	2000010	通信設備及び電源工事	217,000	215,788
12000	建物付属設備	2000011	内装ﾊﾟｰﾃｰｼｮﾝ	7,192,000	2,530,107
13000	工具器具備品	3000476	ﾁｪｱ/MC-03	167,300	151,200
13000	工具器具備品	3000477	ﾁｪｱ/MZ-04	223,192	0
13000	工具器具備品	3000478	DELL Elite Dragonfly	180,746	160,400
13000	工具器具備品	3000479	MacBook Pro 2022-1	296,608	0
13000	工具器具備品	3000481	MacBook Pro 2022-2	296,608	0
17000	ソフトウェア	9245101	機能新規開発（UI）	774,863	704,000
17000	ソフトウェア	9245102	機能新規開発（SEO改善開発	1,185,324	1,005,400
17000	ソフトウェア	9245103	機能追加開発（サービスHP）	1,092,850	0

グループ化し，このように付随的な情報をグループ化して非表示にすることで表自体がコンパクトになり，見やすくなります。

こういったグループ化機能を使った気遣いにより，結果として表が使いやすくなり，誰にとっても役に立つ表となります。

3　テーブル機能でもっと効率よく表を作成する方法

経理が作成する取引一覧表や資産管理表などの表では，見栄えを良くするためのデザイン設定や計算式を追加するなどの加工を行いますが，この作業に時間が費やされる場合があります。

また，経理チーム内で作成ルールが統一されていない見づらい表が出来上がることもあります。

こうした問題は，テーブル機能を活用することで解決できます。

(1) テーブル機能とは

テーブル機能は，Excelで作成された**表の書式設定や色分けなどのデザイン設定を自動化し，データ追加や検索などを簡単に扱えるようにする機能**です。あらかじめ用意された表のテーブルスタイルを選択するだけで，表のデザインを変更できます。また，表の中で新たな行や列を挿入しても，書式が引き継がれ，さらに表にある数式も自動でコピーされるといったメリットもあります。

Excelを使って表の作成を行うことが多い経理では，テーブル機能を活用することで作業時間の短縮を図ることができます。

(2) テーブル機能の設定方法

テーブル機能では，たとえばシステムから出力したデータを，簡単な操作で見やすく・使いやすい表に変換してくれます。表への変換は次の手順に従って行います。

手順① 変換したい表を選択し，その後「挿入」→「テーブル」を選択する。

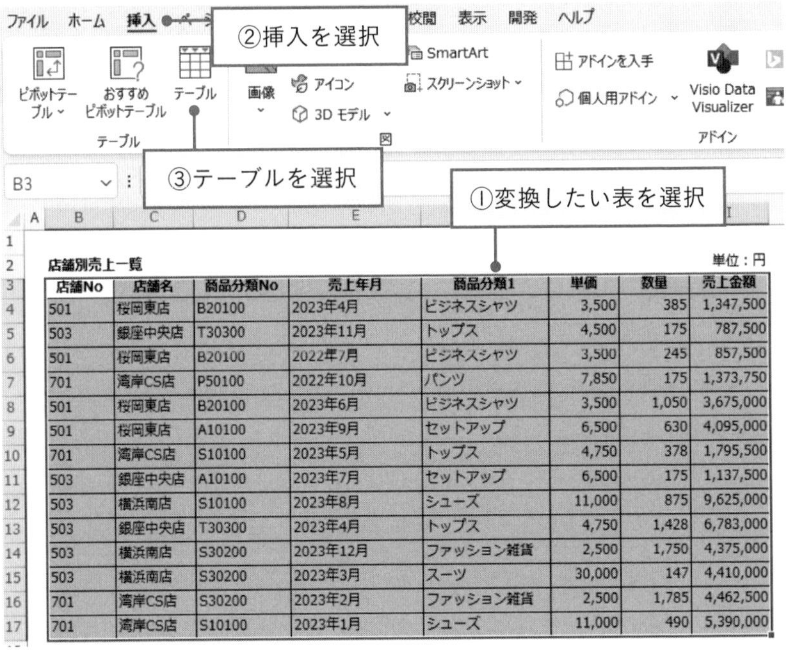

店舗No	店舗名	商品分類No	売上年月	商品分類1	単価	数量	売上金額
501	桜岡東店	B20100	2023年4月	ビジネスシャツ	3,500	385	1,347,500
503	銀座中央店	T30300	2023年11月	トップス	4,500	175	787,500
501	桜岡東店	B20100	2022年7月	ビジネスシャツ	3,500	245	857,500
701	湾岸CS店	P50100	2022年10月	パンツ	7,850	175	1,373,750
501	桜岡東店	B20100	2023年6月	ビジネスシャツ	3,500	1,050	3,675,000
501	桜岡東店	A10100	2023年9月	セットアップ	6,500	630	4,095,000
701	湾岸CS店	S10100	2023年5月	トップス	4,750	378	1,795,500
503	銀座中央店	A10100	2023年7月	セットアップ	6,500	175	1,137,500
503	横浜南店	S10100	2023年8月	シューズ	11,000	875	9,625,000
503	銀座中央店	T30300	2023年4月	トップス	4,750	1,428	6,783,000
503	横浜南店	S30200	2023年12月	ファッション雑貨	2,500	1,750	4,375,000
503	横浜南店	S30200	2023年3月	スーツ	30,000	147	4,410,000
701	湾岸CS店	S30200	2023年2月	ファッション雑貨	2,500	1,785	4,462,500
701	湾岸CS店	S10100	2023年1月	シューズ	11,000	490	5,390,000

手順② テーブルの作成ボックスで，テーブルに変換する範囲を指定する。

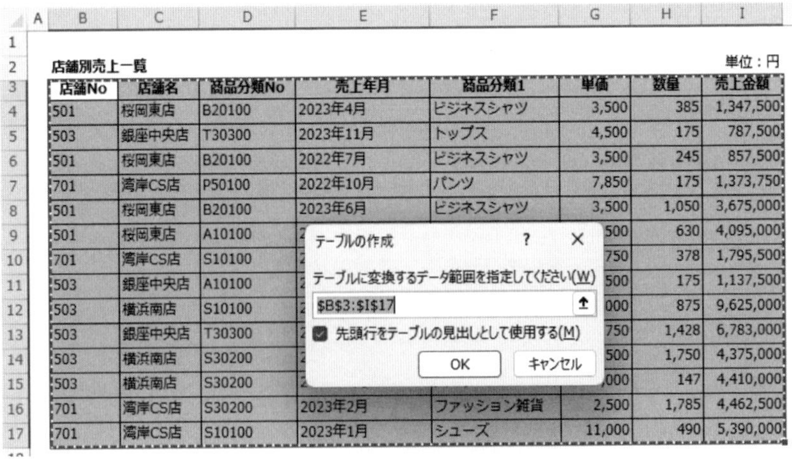

店舗No	店舗名	商品分類No	売上年月	商品分類1	単価	数量	売上金額
501	桜岡東店	B20100	2023年4月	ビジネスシャツ	3,500	385	1,347,500
503	銀座中央店	T30300	2023年11月	トップス	4,500	175	787,500
501	桜岡東店	B20100	2022年7月	ビジネスシャツ	3,500	245	857,500
701	湾岸CS店	P50100	2022年10月	パンツ	7,850	175	1,373,750
501	桜岡東店	B20100	2023年6月	ビジネスシャツ	3,500	1,050	3,675,000
501	桜岡東店	A10100			500	630	4,095,000
701	湾岸CS店	S10100			750	378	1,795,500
503	銀座中央店	A10100			500	175	1,137,500
503	横浜南店	S10100			000	875	9,625,000
503	銀座中央店	T30300			750	1,428	6,783,000
503	横浜南店	S30200			500	1,750	4,375,000
503	横浜南店	S30200			000	147	4,410,000
701	湾岸CS店	S30200	2023年2月	ファッション雑貨	2,500	1,785	4,462,500
701	湾岸CS店	S10100	2023年1月	シューズ	11,000	490	5,390,000

手順③　この結果，表が下記のように変換され，簡単な手順で見栄えの良い表が出来上がりました。

店舗別売上一覧　　単位：円

店舗No	店舗名	商品分類No	売上年月	商品分類1	単価	数量	売上金額
501	桜岡東店	B20100	2023年4月	ビジネスシャツ	3,500	385	1,347,500
503	銀座中央店	T30300	2023年11月	トップス	4,500	175	787,500
501	桜岡東店	B20100	2022年7月	ビジネスシャツ	3,500	245	857,500
701	湾岸CS店	P50100	2022年10月	パンツ	7,850	175	1,373,750
501	桜岡東店	B20100	2023年6月	ビジネスシャツ	3,500	1,050	3,675,000
501	桜岡東店	A10100	2023年9月	セットアップ	6,500	630	4,095,000
701	湾岸CS店	S10100	2023年5月	トップス	4,750	378	1,795,500
503	銀座中央店	A10100	2023年7月	セットアップ	6,500	175	1,137,500
503	横浜南店	S10100	2023年8月	シューズ	11,000	875	9,625,000
503	銀座中央店	T30300	2023年4月	トップス	4,750	1,428	6,783,000
503	横浜南店	S30200	2023年12月	ファッション雑貨	2,500	1,750	4,375,000
503	横浜南店	S30200	2023年3月	スーツ	30,000	147	4,410,000
701	湾岸CS店	S30200	2023年2月	ファッション雑貨	2,500	1,785	4,462,500
701	湾岸CS店	S10100	2023年1月	シューズ	11,000	490	5,390,000

このように，テーブル機能の操作は非常にシンプルで，Excel初心者でもすぐに使うことができます。

（3）テーブル機能のメリット

テーブル機能には，次のようなメリットがあります。

① 表のデザイン変更が簡単にできる。
② 関数を使わず集計ができる。
③ 行の挿入で計算式が自動コピーされる。
④ スライサー機能で容易にデータ検索ができる。

これらのメリットを活かすことで，Excelの表を使いやすくすることができるようになります。

テーブル機能メリット① **表のデザイン変更が簡単にできる**

テーブル機能には，さまざまなデザインのテーブルスタイルが用意されています。表を作成するには，罫線を引いてセルに色を付けて見栄えを整える作業が必要になりますが，テーブル機能を使えばワンクリックで表のデザインを変更できます。さらに，用意されているテーブルスタイル以外のオリジナルスタイルも作成できます。

▶**テーブルスタイルの例**（実際の画面はカラー表示）

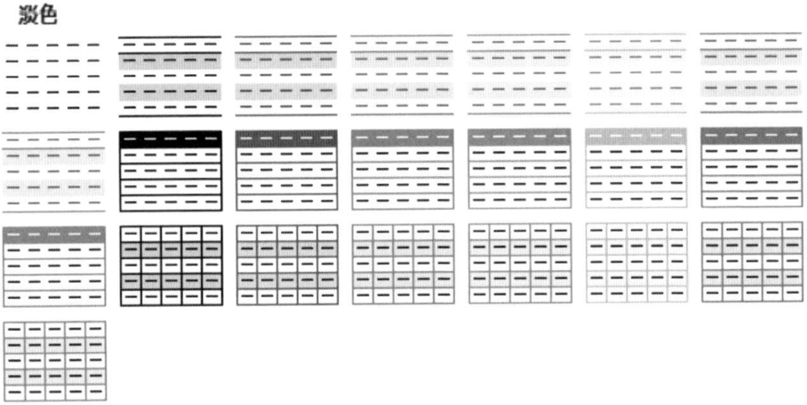

テーブル機能メリット② **関数を使わず集計ができる**

データの合計やデータ数を集計する場合，一般的には関数を使って計算対象範囲のセルを指定して集計しますが，テーブルの表ではワンクリックでこの集計ができます。

具体的には，テーブルデザインタブにある集計行に「✓」を入れると，表の下に集計欄が表示されます。

▶テーブルでデータを集計を行う場合

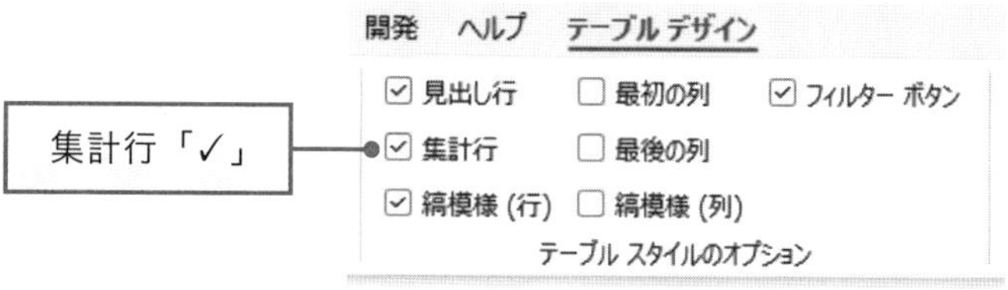

さらに，その欄で集計する種類（合計や平均など）を選ぶこともできます。わざわざ範囲指定して関数で集計するという操作が不要となるため，作業を簡略化できます。

▶テーブルの表に集計行が追加された例

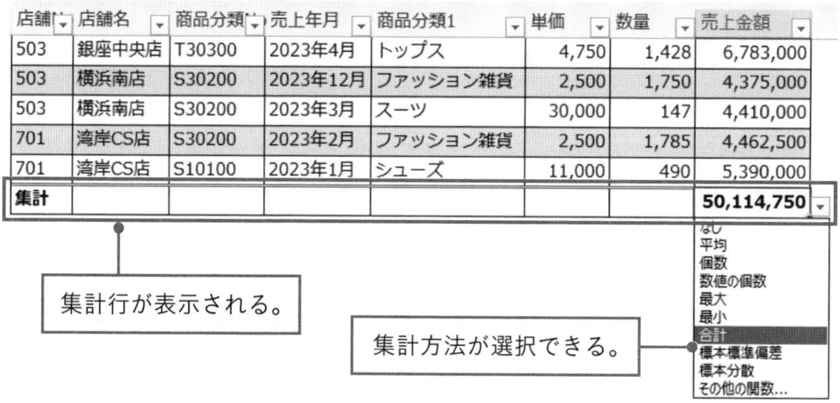

店舗	店舗名	商品分類	売上年月	商品分類1	単価	数量	売上金額
503	銀座中央店	T30300	2023年4月	トップス	4,750	1,428	6,783,000
503	横浜南店	S30200	2023年12月	ファッション雑貨	2,500	1,750	4,375,000
503	横浜南店	S30200	2023年3月	スーツ	30,000	147	4,410,000
701	湾岸CS店	S30200	2023年2月	ファッション雑貨	2,500	1,785	4,462,500
701	湾岸CS店	S10100	2023年1月	シューズ	11,000	490	5,390,000
集計							**50,114,750**

テーブル機能メリット③ 行の挿入で計算式が自動コピーされる

テーブル機能で便利なのが，行を挿入したときに表の計算式も自動でコピーされることです。

▶計算式が含まれる表に行を挿入した場合（11行目に行を挿入）

I11 =G11*H11

	店舗No	店舗名	商品分類No	売上年月	商品分類1	単価	数量	売上金額
7	701	湾岸CS店	P50100	2022年10月	パンツ	7,850	175	1,373,750
8	501	桜岡東店	B20100	2023年6月	ビジネスシャツ	3,500	1,050	3,675,000
9	501	桜岡東店	A10100	2023年9月	セットアップ	6,500	630	4,095,000
10	701	湾岸CS店	S10100	2022年5月	トップス	4,750	378	1,795,500
11								0
12	503	銀座中央店	A10100	[illegible]	[illegible]	[illegible]	175	1,137,500
13	503	横浜南店	S10100	2023年8月	シューズ	11,000	875	9,625,000
14	503	銀座中央店	T30300	2023年4月	トップス	4,750	1,428	6,783,000
15	503	横浜南店	S30200	2023年12月	ファッション雑貨	2,500	1,750	4,375,000
16	503	横浜南店	S30200	2023年3月	スーツ	30,000	147	4,410,000
17	701	湾岸CS店	S30200	2023年2月	ファッション雑貨	2,500	1,785	4,462,500
18	701	湾岸CS店	S10100	2023年1月	シューズ	11,000	490	5,390,000

計算式も自動でコピーされる。

この例では，行の挿入を行った際，表の中にある「単価×数量」という計算式が自動でコピーされています。さらに，表のデザインも自動更新されるため，表の体裁を整える作業も不要となります。

テーブル機能メリット④ スライサー機能で容易にデータ検索ができる

スライサーは，フィルタ機能をわかりやすく視覚的に操作できるデータ検索機能です。テーブルデザインのタブから，スライサーの挿入を選択することでその機能が使えます。

スライサーを挿入すると，次のような絞り込み検索ができるメニューが表示されます。

店舗別売上一覧　　単位：円

店舗No	店舗名	商品分類No	売上年月	商品分類1	単価	数量	売上金額
503	横浜南店	S10100	2023年8月	シューズ	11,000	875	9,625,000
503	横浜南店	S30200	2023年12月	ファッション雑貨	2,500	1,750	4,375,000
503	横浜南店	S30200	2023年3月	スーツ	30,000	147	4,410,000
集計							**18,410,000**

店舗名
- 銀座中央店
- 桜岡東店
- 横浜南店
- 湾岸CS店

絞り込み検索ができる。

⚠上記では，スライサーで店舗名の絞り込み検索できるように設定しています。

たとえば，毎月の作業で表の中から決まったデータを検索する場合，一度スライサーを設定しておけば，あとはクリック一つでデータの絞り込み検索ができるため，データ検索の操作が楽になります。

このようにテーブル機能にはさまざまなメリットがあり，操作も簡単です。工夫次第でExcelでの表の作成を楽にすることができるので，積極的に活用してみることをおすすめします。

おわりに

私自身，社会人になって経理に配属されてから現在に至るまで，ほぼ毎日のように利用してきたのが表計算ソフトのExcelです。

経理といえば，会計システムに日々の取引の仕訳を入力して，総勘定元帳や決算書を作成するといった仕事が一般的にイメージされています。そして，大抵の仕事は会計システムで完結できると思われているようです。しかし，実際に経理業務を経験してみると，システムだけでは完結できない仕事が多いことに気づかされます。システムでできない仕事のほとんどはExcelで対応しなければならず，場合によっては一日の大半をExcelの画面と向き合っていることも当たり前にあります。

Excelは，自由に計算や表の作成ができ，関数を使えば面倒な計算も簡単にできるなど，経理の仕事になくてはならない必須のツールです。しかし，使い方次第では大きな計算ミスを発生させてしまったり，逆に業務効率を悪化させてしまったりするなど，デメリットが多いのも事実です。

実際に私自身もExcelの間違った操作が原因で，決算作業でミスをしてしまったことがありました。経理チームのExcelのファイル管理がぐちゃぐちゃで何度もイライラすることもありました。そして，このデメリットをなんとか解消し，効率よく経理の仕事ができるような改善策はないものかと，『「経理の仕組み」で実現する 決算早期化の実務マニュアル〈第2版〉』（武田雄治，中央経済社）などを参考にしながら試行錯誤を重ねた結果，本書で解説したExcelベーシックスキルを経理の現場で展開することに至りました。

本書のExcelベーシックスキルは，もともとは経理部門に所属している方々に向けて書いたものですが，実はそれ以外の部門でも役に立つ内容だと考えています。人事総務や経営企画部門，さらには営業部門や製造部門などでもExcelを利用する機会が非常に多く，経理と同じようなExcelに関する悩みを抱えていると思われます。そういった部門の方々にもぜひ本書を手に取っていただき，Excelを上手く活用して業務の効率化を目指していただけたら幸いです。

最後に，本書の執筆にご協力いただいた皆さまに，この場を借りてお礼を申し上げます。皆さまからのご意見やご指摘のおかげで，Excelベーシックスキルを１冊の書籍としてまとめ上げることができました。本書を皆さまの日々の業務の効率化に役立てていただけることを願っています。

葛西一成

【著者紹介】

葛西　一成（かさい　かずなり）

大学卒業後，食品やITなど複数業界の上場企業およびその子会社の経理を経験。東証プライムおよびグロース上場企業2社で経理部長を務めた後，独立開業。
現在は，経理パーソン向けキャリアサポート，セミナー講師，会計関連システム開発導入アドバイザー，企業の決算フォローなどを行っている。
X（旧Twitter）では，フォロワー1.5万超の「経理部IS」アカウントにて，経理の仕事に役立つ情報を発信中。

◆本書のお問い合わせについて◆
本書のお問い合わせは，お名前・ご住所・ご連絡先等を記載し，書名・該当ページを明記のうえ，文書にて下記へお寄せください。お電話でのお問い合わせはお受けできません。
〒101-0051　東京都千代田区神田神保町1-35　FAX　03-3291-5127
E-mail　info@chuokeizai.co.jp　㈱中央経済社編集部「経理のExcelベーシックスキル」係

経理のExcelベーシックスキル

2024年4月1日　第1版第1刷発行

著　者　葛西　一成
発行者　山本　継
発行所　㈱中央経済社
発売元　㈱中央経済グループパブリッシング

〒101-0051　東京都千代田区神田神保町1-35
電　話　03（3293）3371（編集代表）
03（3293）3381（営業代表）
https://www.chuokeizai.co.jp
印　刷／文唱堂印刷㈱
製　本／㈲井上製本所

ISBN978-4-502-48711-8　C3034